Simsons Planken – Eine Schiffergeschichte

BODO KRÜGER
SIMSONS PLANKEN - EINE SCHIFFERGESCHICHTE
Erinnerungen an eine Kindheit

Bibliografische Information der Deutschen Nationalbibliothek: Die Deutsche Nationalbibliothek
verzeichnet diese Publikation in der Deutschen
Nationalbibliografie: detaillierte bibliografische
Daten sind im Internet über dnb.dnb.de abrufbar.

©2018 Bodo Krüger
Herstellung und Verlag:
BoD – Books on Demand, Norderstedt

ISBN: 978-3-7528-8042-7

Für Tillmann

Inhalt

Die Simson – Geschichte und unsere Schiffe

Meine Großeltern sind auch schon Schiffer. Sie befahren mit ihrem Finowmaßkahn die Oder, die Havel und die Spree und natürlich auch die Elbe. Wobei sie, wenn sie in Hamburg sind, an der Peute festmachen. Auch der Vater meines Großvaters, mein Urgroßvater also, besitzt schon einen Kahn. Deshalb gelten die Krügers zu Recht als Schifferfamilie.

Das Bewegen eines Schleppkahns aber ist nicht so einfach wie heute bei einem Motorschiff. Sie können allein nicht fahren und brauchen dazu einen Schlepper, der mit rauchendem Schornstein, zwei, drei, vier oder noch mehr Kähne hinter sich herzieht. Ein Schleppzug ist so ähnlich wie eine Karawane. Er muss auch wie diese zusammengestellt werden. Das besorgt die Schlepperreederei, die den Kähnen mit gleicher oder ähnlicher Richtung einen Schlepper vermittelt. Dafür müssen die Schiffer ganz schöne Summen Schleppgeld bezahlen. So sind die Kapitäne der Schleppkähne ziemlich abhängig. Was nicht gut ist für einen Schiffer, der frei und ungebunden sein will, und das als hohen Lebenswert ansieht.

Deshalb blickt man, als die Motorschifffahrt aufkommt, oft mit Neid auf diese in der ersten Zeit erst einmal nur umgebauten Kähne, die aber an ihren früheren Artgenossen plötzlich mit vielen PS vorbeiziehen. Oft mit einem etwas herablassend blickenden Kapitän hinter dem Steuer. Da kann man sich vorstellen, dass Großvater Krüger auch so ein schmuckes Motorschiff haben will. So nimmt er eines Tages einen Bankkredit auf und lässt seinen Kahn, der bisher Hedwig nach seiner Frau geheißen hat, durch einen Motor und einige andere kosmetische Veränderungen zu Simson umwandeln. Simson, das ist ein starker Held aus der Bibel, der sich mit Kraft und Abenteuer besonders bei Frauen hervorgetan hat. Durch blinde Liebe zu einer Verräterin fällt er eines Tages in die Hände seiner Feinde, die ihn auch ganz zur Erblindung bringen, indem sie ihm die Augen ausstechen. Dagegen denkt Großvater bei Simson sicher mehr an Stärke als an Leiden. Ob er überhaupt die tragische Seite dieser Geschichte kennt, ist fraglich. Es wird sich aber im Laufe der Zeit zeigen, dass gerade dieser Doppelaspekt auf der Sachebene im Dasein dieses Schiffes und auch auf der menschlichen Ebene mit der Familie Krüger als wichtig erweist.

Zunächst einmal steht das Kraftvolle mehr im Vordergrund und das umgebaute Schiff zieht heldenhaft mit seiner 250 PS-Maschine an den langsameren Kollegen vorbei. Es gibt ein Foto, da steht Vater neben Großvater auf der Kommandobrücke. Er hält das Steuer des Simson wie heute jemand das Lenkrad eines teuren Sportwagens. Aus jedem Winkel seines jungen Gesichtes strahlt Freude und Stolz, als würde er rufen: „Fluss frei! Jetzt kommen wir!"

Was aber kommt, ist der Zweite Weltkrieg. Die Nazis planen die Invasion Englands vom Wasser her. Hierzu brauchen sie viele geeignete Binnenschiffe, die einfach beschlagnahmt werden und zu Panzerfähren umgebaut. Den Simson erwischt es auch. Das ist ein schwerer Schlag für die Krügers. Großvater geht aus Kummer in Rente und zieht sich nach Landsberg an der Warthe zurück. Vater ist noch zu jung um aufzugeben. Aber er ist nun ohne Arbeit. Ein für ihn neues unangenehmes Lebensgefühl. Bisher stand er immer bei seinem Vater in Lohn und Brot: erst als Schiffsjunge, dann als Bootsmann und Matrose. Schließlich erwarb er selbst die Patente zum Steuermann und Schiffsführer. Er sollte einmal den Simson übernehmen. Der Krieg machte das alles zunichte. Doch sein Leben ist die Schifffahrt. Hinter dem Steuer findet man seine Seele, wenn es einen Ort außerhalb des Körpers für sie gibt.

Nachdem der Simson nicht mehr da ist, beginnt Vaters eigene Geschichte. Er ist zwar arbeitslos, aber glücklicherweise für den Kriegsdienst untauglich, weil er oft Probleme mit seinem Leistenbruch hat. So fährt er nach Hamburg, mietet sich dort ein möbliertes Zimmer in der Neustadt und will sein Leben wieder in Schwung bringen. Seine erste

Ehe ist in die Brüche gegangen und Sohn Karl-Heinz lebt bei den alten Großeltern in Landsberg.

So ist er frei, sich in Hamburg nach einer neuen Existenz umzuschauen. Das kostet ziemliche Nerven, so dass er mit seiner inneren Kraft am Ende ist, als er nach einer durchzechten Nacht die ihn durch ständiges Miauen störende Katze seiner Wirtin ohne Wenn und Aber aus dem Fenster schmeißt. Danach muss er sich eine neue Unterkunft suchen, was er auch verdient hat. Doch zum Glück ist der Schlendrian bald vorbei. Nach längerem Hin und Her und manchem Vorsprechen bei Werften und anderen Schiffern findet er dann schließlich seinen kleinen „Simson" in Gestalt einer ausgedienten Alsterschute. Die er aber wohl in der richtigen Einschätzung der Realität auf seinen Sohn „Karl-Heinz" tauft.

Während also auf irgendeiner Hamburger Werft die Schute in ein Motorschiff umgebaut wird, lernt er meine Mutter kennen, die auch froh ist in jenen unsicheren Zeiten wieder festen Boden, und wenn es auch nur Schiffsplanken sind, unter die Füße zu bekommen. Beide überleben die Bombenangriffe auf Hamburg sicher nur, weil der Umbau rechtzeitig abgeschlossen ist und das Karl-Heinz-Schiffchen die Gefahrenzone verlassen kann. Als die Luftangriffe toben, liegt es in Lüneburg und die Eltern sind nicht unmittelbar von der Katastrophe betroffen. Auf dem Weg zum Bunker fällt die schwangere Frau heftig auf den Bauch. Die Sirenen heulen. Sie ist mit ihren Nerven am Ende. Was ist mit dem Kind? Was wird aus ihm? Dann ist der Krieg vorbei und Mutter entbindet in Lüneburg in der Klinik. Es ist für die zarte empfindsame Frau keine leichte Geburt. Ich bin ziemlich schwer und werde durch einen Dammschnitt zur Welt gebracht. Doch sie kehrt überglücklich mit einem Baby auf das Schiff zurück. Nun ist sie Mutter.

Auf diesem kleinen Karl-Heinz-Schiff tun sich für mich die Luken der Welt auf. Ich verbringe dort meine ersten drei Lebensjahre. Alles ist eng und einfach in diesem Raum gleich unter der Ankerwinde, der mehr einem Verschlag gleicht als einer Kajüte. Nicht leicht für meine Mutter unter solchen Umständen einen Säugling zu versorgen. Trotzdem sieht man auf den wenigen vergilbten Fotos aus diesen Jahren Mama und Papa dicht beieinander stehen. Oder auch die junge Mutter in der typischen Nachkriegsfrisur ein gut genährtes freundliches Baby oder schon Kleinkind auf dem Arm halten. Schon nach drei Jahren wird Vater mutig und kauft den Frachtdampfer Havelberg, der dann unter meinem Namen seinen Schornstein rauchen lässt. Bis er nach wiederum drei Jahren auf der Schlichting-Werft in Travemünde zum Motorschiff Bodo umgebaut wird.

Mit diesen Schiffen sind Menschen und Geschichten verbunden, die einen Teil meines Lebensmosaiks ausmachen. Auch wenn es diese schwimmenden Behausungen nicht mehr gibt, so bleiben sie doch Orte, wohin man mit seinen Gedanken zurückkehrt, wenn man älter wird und merkt, dass die geordnete Welt an Land für jemanden, der auf dem Schiff aufgewachsen ist, auch nach Jahren noch, manchmal eng und fremd wird. Die Schiffe werden dann so etwas wie besondere Elternhäuser: Stätten für Geborgenheit und Zugehörigkeit auf der einen Seite und Nichtbehaustsein und Ungebundenheit auf der anderen.

Nach dem Krieg wird versucht, Großvaters altes Simson-Schiff wieder zu bekommen. Doch alle Bemühungen bleiben vergeblich. Irgendwo in den Niederlanden soll es fahren. Aber wer sind die neuen Besitzer? Wollen und müssen sie es überhaupt wieder herausgeben? Nach langem Papierkrieg wird ein Lastenausgleich gezahlt. Er ist kaum der Rede wert und teilt sich auf Großvaters Erben auf. Die große Zeit der Binnenschifffahrt ist vorbei. Wohl auch für die Krügers. Aber Arbeit, viel Arbeit, die gibt es noch lange. Und immer Klagen: „Die Fracht ist zu niedrig, die Bahn macht uns kaputt, der zunehmende LKW-Verkehr. Was bleibt da noch für uns übrig?"

Als Jahre später Vater alt und krank ist und nicht mehr kann, ausgezehrt durch körperliche Arbeit und Alkohol, muss er das Bodo-Schiff mit hohen Schulden belastet an seinen Sohn Karl-Heinz abtreten. Der nennt es in Erinnerung an frühere Zeiten Simson II.

Nun gibt es dieses Schiff nicht mehr. Karl-Heinz stirbt plötzlich mit 75 Jahren. Harte Arbeit und Überforderung, das war auch sein Leben. In den letzten Jahren hatte er kaum noch Fracht. Das Schiff liegt noch lange in Spandau. Unbewohnt, verwaist, unnütz. Irgendwann ist es nicht mehr da. Hat sich nicht verkaufen lassen. Nur noch altes Eisen zum Verschrotten.

Das, worauf man gerade steht, kann wechseln. Aber selten das, worauf man von Jugend auf gegründet ist. Ich stehe früh auf schwankenden Planken. Auf ihnen mache ich erste Schritte; lerne ich gehen. Den Wind muss man bedenken, die Bewegtheit des Wassers und des tragenden Schiffes. Manchmal ist nachzufedern, damit man stehen bleibt. Manchmal ist es gut, eine Kajüte zu haben und anderes Wetter abzuwarten. Simsons Planken. Ich weiß, wie sie sich anfühlen, kenne ihre Musterung. Erinnerung an sie begleitet mich.

Erste Erinnerungen

Helle, Licht! Ein weißes Loch an der Decke. Wie eine grelle Lücke in der Erinnerung. Schritte. Da ist ein Menschengesicht, das im Licht auf mich zukommt. Lachende, neugierige Frauenaugen finden mich. Ich liege in einem winzigen Bett. Eine Kinderwiege. Ist es vielleicht nur ein Bretterkasten, schnell und grob aus der Not gezimmert? Oder sitze ich schon etwas älter auf einer Kommode und lasse die Beine baumeln – von irgendwem hingesetzt – wartend dass man mich wieder herunternimmt. Die Frau beugt sich über mich, lacht und küsst mich. Oder nimmt mich von der Kommode, drückt mich immer wieder an sich. Wie es auch gewesen ist. Sie hat mich in jedem Fall geküsst. Ich glaube ganz fest, dass sie mich geliebt hat. Denn i c h habe es getan, oft habe ich es gedacht und meinen Kopf an ihre Wange gelegt. „Ich hab dich so lieb, ich liebe dich über alles, Mama."

Dann gibt es noch eine andere Erinnerung. Diesmal weiß ich ganz genau, dass ich auf der Kommode sitze. Ich habe eine kurze Hose an, an den Füßen Söckchen. Andere Leute, Angehörige, sind mit im Raum. Oma lehnt nahe an der Kommode. Sie ist eine hoch gewachsene Frau mit einem schwarzen Rock. Dazu trägt sie eine blaue oder dunkle Strickjacke, so dass sie ziemlich finster aussieht. Ihr Haar ist weiß, sie hat eine Omafrisur mit einem Knoten, wie die meisten Frauen, die die

Nazizeit hinter sich haben und zu alt für modische Frisuren sind. Dann ist da mein Halbbruder Karl-Heinz. Ein drahtiger, aber etwas kleiner junger Mann, Anfang zwanzig und hat ein schmuddeliges, mal weiß gewesenes Unterhemd an. Hände und Hose sind schmutzig vom abgewischten Öl. Vater ist nicht deutlich. Er ist mit im Raum, sein Gesicht aber hat keine Konturen. Auch Mutter ist da, glaube ich. Vielleicht ist sie aber auch in der Küche oder im Steuerhaus. Da sitzt es sich besser, besonders wenn die Sonne untergeht und der Familienrat mit Oma in der Kajüte Probleme erörtert. Mutter spricht nicht gern über Probleme.

Dieses Arrangement der Familiengestalten ist fest in meinem Gehirn verankert. Es geht um Berlin. Nichts kann nach Berlin rein und raus. Nur die amerikanischen Flugzeuge. Wir liegen mit dem Karl-Heinz-Schiff in Hamburg fest. Alle Grenzen und Zufahrtswege sind gesperrt. Aber Vaters Schwestern leben dort und Oma wohnt da auch, bei Tante Hilde in der Huttenstraße. Es ist ein ernstes Gespräch, was der Junge da auf der Kommode mit anhört. Ich bin angespannt, obwohl ich die Beine baumeln lasse und eigentlich nichts verstehe. Mutter aber zählt nicht. Sie spricht nicht mit und ist nicht da. Oma dagegen spricht viel. Sie ist eine Frau, die in der Familie das Sagen hat. Mutter aber zählt nicht und spricht nicht mit. Was soll sie auch sagen, wenn die Grenzen zu sind. Sie stammt ja nicht aus Berlin, sie ist eine Hamburgerin. Sie stammt ja nicht aus einer Schifferfamilie. Ihr Vater ist Kaufmann. Was soll sie da zur Schifffahrt schon sagen?

Vater

Das erste Mal als ich Vater auf einem Fahrrad sehe, bin ich vielleicht drei. Mutter geht oft mit mir in der Nähe des kleinen Schiffes in den Sträuchern und auf den Wegen an der Ilmenau spazieren. Wir warten auf Vater, Papa. Ich weiß nicht, wie ich zu ihm sage. Ob ich überhaupt schon was sagen kann? Später sage ich Vater. Wenn es um ernste Dinge geht. Doch meistens vermeide ich die Anrede.

An diesem Nachmittag wird er von uns erwartet. An beiden Seiten des Lenkers hängen volle Einkaufsnetze. Er fährt langsam über den holprigen Weg, um das Gleichgewicht nicht zu verlieren. Ich werde von Mutter losgelassen und renne, so schnell ich kann auf ihn zu. Er nimmt einen Fuß vom Pedal und behält das Rad zwischen den Beinen. So steht er fest auf dem Boden und kann mich begrüßen. Gleich warnt er, wie es auch später noch seine Art ist: „Junge, pass auf. Tu, dir nichts." Er denkt, ich laufe gegen das Rad. „Vater!" Ob er mich in seine Arme nimmt oder mir einen Kuss gibt, wie Mama es häufig macht? Wahrscheinlich beides nicht. Er ist ein unsicherer Vater.

Ich weiß damals nur, dass es mir gut tut, dass er da ist, wo Mama und ich doch lange auf ihn gewartet haben. Dann geht sie zu ihm. Beide küssen sich. Sie nimmt ihm die Einkaufsnetze ab. Er schiebt sein Rad das kurze Stück bis zum Schiff. Ich laufe hinter beiden her und freue mich, dass ich auf der Welt bin und Vater und Mutter habe.

Oma Krüger

Vater hat mit seiner Mutter äußerlich große Ähnlichkeit. Augenpartie und Wangenfalten hat er von ihr. Ansonsten wirkt der Charakterzug von Willensstärke, der diese Frau auszeichnet, sich kaum in seinem Leben aus. Er ist mehr Blatt im Wind als standhafte knorrige Eiche. Mehr Matrose und Hilfskraft als Steuermann an Bord seines Lebensschiffes.

Oma Krüger hat vier Kinder zur Welt gebracht. Vater ist davon der einzige Junge, und damit so etwas wie ein Hoffnungsträger. Später dann umso mehr auch die große Enttäuschung. Er betritt ohne Hebamme die Bühne des Lebens. Gerade als der Kahn der Krügers in der Nähe der Oranienburger Schleuse an einem Schlepper hängt. Wie ein Heldenmythos wird die Geschichte von Vaters Geburt in der Familie überliefert: Wie die jetzige Oma als junge Frau nur mit ihren Zähnen die Nabelschnur von Baby Heinrich durchtrennt. Während dieser dramatischen Minuten steht ihr Mann hinter dem Ruder mehr dem Kahn zur Seite als seiner Frau. Vater erzählt die Geschichte von der Tatkräftigkeit seiner Mutter gern. Sicher auch aus dem Gefühl heraus, sich selbst ein bisschen mit der Zähigkeit dieser Frau zu schmücken: „Seht, aus solchem Holz sind wir geschnitzt!" Außer dieser Bewunderung ist von anderen Gefühlen, wie etwa Liebe zur Mutter oder der Mutter zu ihm, nie die

Rede. Sie soll ergänzend zu ihrer Zähigkeit auch eine harte Frau gewesen sein.

Nach dem plötzlichen Tod Opa Wilhelms zieht sie von Landsberg zu ihrer besser gestellten Tochter nach Berlin-Moabit. Dort betreiben Tante Hilde und Onkel Willy ein Radiogeschäft. Was zuerst nur als Laden mit einem winzigen Fenster anfängt, wird bald in der Zeit der aufkommenden Musiktruhen, besseren Radios und Fernsehapparaten zu einer mehrere Fenster umfassenden Ausstellungsfläche. Ein übergroßes Firmenschild mit der Aufschrift „Huttenradio" zieht die Blicke auf sich. Abends steht eine Menschentraube vor den Scheiben, um - wenn auch nur für kurze Zeit- in den Genuss einer Fernsehvorführung zu kommen.
Der Laden ist auch innen ansprechend eingerichtet. An den Wänden hängen Fotos von bekannten Größen der damaligen Musikszene, wie Cornelia Froboess und Peter Alexander. Tante Hilde und Onkel Willy haben mit ihrem Radiogeschäft den richtigen Riecher. Es füllt eine Marktlücke aus in einer Zeit, wo es langsam wieder aufwärts geht und die Menschen das Traurige der Vergangenheit mit Musik und Ratequiz vergessen möchten.

Dieses Geschäft bildet für Mutter und mich in den fünfziger Jahren so etwas wie eine Berliner Anlauf- und Zufluchtsstelle. Wenn wir nicht weiterwissen, heißt es: „Komm, lass uns zu Oma und Tante Hilde gehen." Einige Zeit später dann nur noch zu Tante

Hilde und Onkel Willy, denn Oma Krüger ist es nur wenige Jahre vergönnt, den Lebensabend bei ihrer Tochter zu feiern. Oma hat für die Angehörigen ihrer Sippe immer ein gutes Herz Sie gibt Mutter und mir häufig ein bisschen Geld, wenn wir durch Berlin stromern und manchmal gar nichts mehr im Portemonnaie haben. Dann ermahnt sie mich: „Sag man Tante Hilde nichts." Sie kennt ihre Tochter, die Geschäftsfrau, durch und durch. Die würde Mutter zur Schnecke machen, wenn sie von der Schnorrerei erführe. Oma gibt manchmal einen zwanzig Mark Schein. Doch es kommt auch vor, dass es nur ein Fünfer wird, weil die Rente noch nicht da ist. Die Summe vermindert sich ebenfalls erheblich, wenn wir zu oft bei ihr vorbeischauen und Geld haben möchten. Aber auch, wenn alle Stricke reißen, bekommen wir dann immerhin noch fünfzig Pfennig für den Doppeldeckerbus, mit dem ich so gern fahre, weil man oben vorn so gut Busfahrer spielen kann. Als sie stirbt, sind wir gerade mit dem Schiff unterwegs und erfahren von ihrem Tod erst, nachdem die Beerdigung schon lange stattgefunden hat. Ihr Grab habe ich nie gesehen. Was ich schade finde. Überhaupt ist es in unserer Familie so, dass nach dem Tod eines Menschen nicht mehr viel von ihm gesprochen wird. Er hat eben seine Bedeutung für das praktische Leben eingebüßt. Die Krügers sind da wie viele andere Leute auch.

Tante Hilde hat mit Onkel Willy, der eigentlich Diplomingenieur ist, zwei Söhne, die sieben Jahre auseinander sind: Achim und Fritz. Wobei ersterer nicht mehr zu Hause wohnt, weil er schon seine eigenen Wege geht. Mit dem jüngeren und pfiffigeren Fritz spiele ich öfter, wenn wir zu Besuch sind. Er ist einige Jahre älter und für mich ein Vorbild, dem ich nacheifern möchte. Er sieht gut aus, geht auf das Gymnasium und scheint schier alles zu wissen. Ob es wirklich so ist, weiß ich wiederum nicht. Jedenfalls hat er auf alle meine kindlichen Fragen eine Antwort, die sich stimmig anhört. Wir spielen oft Mensch-ärgere dich nicht und Mühle oder Dame. Natürlich gewinnt er. Irgendwann bemerke ich, dass er es gut versteht, beim Spiel zu schummeln. Darüber bin ich ärgerlich und auch enttäuscht. Behalte aber meinen Frust für mich. Vielleicht, weil ich mich diesem Stadtkind gegenüber unterlegen fühle. Fritz macht Abitur, wird Journalist, schließlich ist er Manager. Dann verliere ich ihn aus den Augen, wie so manchen aus meiner Familie.

Nach über vierzig Jahren sehe ich ihn plötzlich wieder. Er gibt ein Interview im Fernsehen. Ist das eine Überraschung! Er und andere Wirtschaftsleute setzen sich für eine bestimmte Stadt als Austragungsort eines großen Sportereignisses ein. Dabei geht es um Geld und manche Ungereimtheiten. Trotz allem freue ich mich, ihn nach all den Jahren wieder zu sehen – wenn auch nur auf dem Bildschirm. Aus meinem Cousin ist ein älterer Herr mit einem gepflegten Schnurbärtchen geworden. Er erinnert mich an Walt Disney, dem Schöpfer von Micky Maus. Früher behauptete Fritz felsenfest Walt Disney sei eine Frau. Wusste er es wirklich nicht besser oder wollte er mich nur hereinlegen? Zuzutrauen ist es ihm.

Onkel Erich und Vaters Eifersucht

Kinder müssen früh ins Bett. Das gilt damals, und das ist wohl auch noch heute so. Da die Schiffer als fahrendes Volk sich gern den Leuten an Land anpassen, achten sie in den meisten Fällen sehr genau auf die Einhaltung dieser Regel.

So ist es auch beim Feierabend vor der Brandenburger Schleuse. Der Abend ist schön, Mücken tanzen, in der Kajüte ist es stickig, und alles spricht dafür, dass die Eltern noch nicht schlafen gehen wollen.

Im nahen Gartenlokal spielt man Tanzmusik. Meistens verursacht durch eine kleine 3-Mann-Kapelle, die immer mal wieder Pausen einlegt, um ihr spendiertes Pils zu trinken und den Gästen zum Sprechen und auch zum Pinkeln Gelegenheit zu geben. Das alles reizt zum Hingehen bei jungen Eltern, die gerne leben, auch wenn Vater schon Ende vierzig ist. Aber er genießt damals das Leben noch gern. Vater und Mutter sind nicht allein. Sie haben Schwägerin und Schwager im Schlepp. Im wahrsten Sinne des Wortes, denn das Bodo-Schiff, damals noch Dampfer, hat ihren Kahn von Berlin auf Spree und Havel bis nach Brandenburg gezogen. Am anderen Morgen soll es weiter nach Hamburg gehen. Tante Erna und Onkel Erich sind ebenfalls nicht mehr ganz so jung. Erna muss schon Ende fünfzig sein. Sie ist von Vaters Geschwistern die Älteste und Onkel Erich sicher auch um den Dreh. Aber tanzen, mal ein paar Gläser über den Durst trinken und lustig sein, das lassen sich beide nicht nehmen. So ist es ausgemacht, dass man heute Abend ausgeht.

Ich soll also ins Bett. Obwohl es draußen noch hell ist. Mache kein Theater, denn ich bin ein ruhiges vernünftiges Kind, das seine Eltern lieb hat. „Wir gehen nur eben auf ein Bier und sind in einer halben Stunde wieder da." So sagen sie. „Schlaf mal schön." Dann klappt die Kajütentür. Die lauten Stimmen entfernen sich. Ich bin allein. Das Wasser gluckst ab und zu unter dem Schiffsrumpf. Das hat wohl nichts zu bedeuten. Ich schließe die Augen, um einzuschlafen. Die Musik im Gartenlokal spielt lauter. Das Meer von Stimmen wird davon übertönt. „Bumba, bumba, bumba" dröhnt der Rhythmus. Ich forme meinen Mund, um „bumba" zu sagen. „Bumba, bumba." Das macht Spaß. Warm und stickig ist es in der Kajüte. Es riecht nach Resten vom Mittagessen und Klo. Kein Wunder, der Kloeimer steht vor dem Küchenherd, den Boden nur knapp mit Havelwasser bedeckt. Soll ich einfach aufstehen? Die Petroleumlampe glänzt verführerisch auf dem Tisch. Aber ich trau mich nicht, sie anzuzünden. Da liegen Streichhölzer. Man muss sie stark an der Schachtel reiben, damit eine Flamme entsteht. Die Eltern haben mich immer wieder vor Feuer gewarnt. „Messer, Gabel, Schere, Licht, dürfen kleine Kinder nicht." Also habe ich Angst, dass die Streichhölzer bei einer falschen

Handhabung explodieren und die Lampe mit dem Petroleum vielleicht auch. So bleibe ich im Bett liegen. Hefte angucken kann ich auch nicht. Dazu ist es zu dunkel. Endlos zieht die Zeit sich hin. Wo bleiben die Erwachsenen nur? Ich habe Wut auf Mama, die mich doch wohl nicht so lieb hat, wie ich sie. Wie kann sie mich sonst so lange allein lassen. Zwischendurch schlafe ich vielleicht doch mal ein.

Dann poltert es. Die Kajütentür wird aufgeschlossen. Jemand bemüht sich, die Stufen runterzukommen. Es ist wohl schwierig. Zwischendurch kreischt eine Frau. Tante Erna! Sie kreischt, wenn sie was getrunken hat. Wohl über die Witze der Männer. Mutter tut das nicht. Mutter ist anders. Dann rutscht jemand die Treppe herunter: Es ist Vater. Er rappelt sich schnell wieder auf und hilft seiner Schwester beim Herunterkommen. Beide stehen nun in der Kajüte. Die Petroleumlampe wird in mehreren Versuchen angezündet. Immer geht das Streichholz wieder aus. Endlich gelingt die Prozedur. Es wird heller im Raum. Oben am Eingang stehen Mutter und Onkel Erich. Er sagt irgendwas zu ihr. Vielleicht: „Madam, nach ihnen" und drückt ihre Schultern leicht in den Abstieg zur Kajüte hinein.

Man muss wissen, dass Vater ein eifersüchtiger Hitzkopf ist, der besonders in betrunkenem Zustand jede annähernd charmante Geste eines anderen Mannes in Bezug auf Mutter als riesige Unverschämtheit und Affront gegen sich empfindet. Als Mutter unten ist und Onkel Erich die erste Stufe zum Abstieg betritt, zieht er ihn an den Beinen kurz und heftig die Treppe herunter, so dass er wie ein Sack polternd Stufe für Stufe herunterfällt. Das tut weh! „Du Schweinehund, du." Er schlägt seinen verdutzt unten angekommenen Schwager mit den Fäusten, boxt und ohrfeigt ihn mehrmals und reißt ihn schließlich an einem Ohr vom Fußboden hoch. Onkel Erich ist zu erschrocken, um sich zu wehren. Vielleicht auch vom Alkohol zu benebelt. „Heine, hör doch endlich auf", sagt die erschrockene Tante Erna. „Du schlägst deinen Schwager ja tot." „Der Sauhund hat meine Frau angefasst", stößt Vater nur hervor. „Und du Luder hast dich von diesem Halunken, der dein Schwager sein will, unsittlich anfassen lassen." Auch Mutter bekommt fast eine Tracht Prügel. Ja, Vater versteht in diesen Dingen keinen Spaß. Er ist ein gebranntes Kind. Seine erste Frau soll ihn mit seinem besten Freund betrogen haben. Als er dahinter kommt, ist er nicht wieder zu versöhnen und reicht die Scheidung ein. Das „untreue Weib" ist für ihn gestorben. Ob er es gegenüber Mutter selbst mit der Treue so genau nimmt, bleibt offen.

Hier aber ist Tante Erna die Vernünftige. „Wir haben alle viel getrunken." Onkel Erich rinnt das Blut an der Ohrmuschel entlang. Er presst mühsam die Hand darauf. „Nimm ein nasses Handtuch und wisch es ab, Erich", sagt seine Frau kurzentschlossen. „Und du, Heine", entschuldigst dich bei deinem Schwager. Er hat dich doch nicht kränken wollen. So was Dummes. Nun mach schon. Du mit deiner dämlichen Eifersucht. Siehst du nicht, dass deine Frau nur dich liebt? Anita, gib deinem Mann einen Kuss, und dann ist es gut." Mutter geht auf Vater zu und streichelt seine Wange. Beide sehen sich an: „Liebst du mich?", fragt er. „Du bist doch mein Heini", antwortet sie Er nimmt sie in die Arme und drückt sie. Onkel Erich kühlt sein lädiertes Ohr. „Und das alles muss der Junge mit ansehen", sagt Tante Erna nur. „Mama, gut, dass du da bist. Ich kann nicht schlafen." „Na, jetzt gehen wir alle ins Bett", sagt sie. Vater druckst um seinen Schwager herum. „Erich, wollen wir nicht wieder Brüderschaft trinken?" „Es reicht, wenn ihr euch die Hand gebt", ist dazu nur Tante Ernas Kommentar. „Macht zu. Wir müssen bald schon wieder aufstehen."

Russische Soldaten

In die Dampferzeit gehört auch die Geschichte von Vaters Verhaftung. Dazu muss man wissen, dass das rechte Elbufer damals bis kurz vor Lauenburg zum östlichen Machtblock gehört. Die linke Seite aber schon ab Schnackenburg zum Westen. Die Flussmitte bildet die Grenze, die immer mal wieder durch das plötzliche Auftauchen von Patrouillenbooten kontrolliert wird. Als westzonales Binnenschiff darf man dem Territorium der damaligen Ostzone nicht zu nahe kommen. Die Schiffer müssen also in diesem Flussabschnitt besonders aufpassen, dass sie im westlichen Bereich bleiben. Was gar nicht so einfach ist. Die Fahrrinne unterliegt nämlich den Gesetzen der Strömung. Sie verändert sich häufiger als die Baken nachgesetzt werden können. Schlängelt sich manchmal auch mäanderartig ein Stückchen über die imaginäre politische Grenze hinüber und schreckartig wieder zurück. Das wiederholt sich in unregelmäßigen Abständen und ist für die Schiffsführer schon ein gewisser Nervenkitzel oder Stress, wie man will.

Doch nun zu Vaters Begegnung mit dem Osten. Die Elbe hat sommerliches Niedrigwasser. Die Reise des Dampfers Bodo geht mit Ladung nach Berlin. Buhnen ragen weit in den Fluss hinein. Die Steuerleute der Schiffe müssen mehr als sonst aufpassen und auf Baken achten, um nicht von der Fahrrinne abzukommen und auf Grund zu laufen.

Plötzlich gibt es einen Ruck. Wir sitzen fest. Schlick wird von der heftig arbeitenden Schraube aufgewirbelt, die den Bodo-Dampfer aber nur noch mehr in die Sandbank hinein schiebt. Der Maschinentelegraph meldet dem Heizer und Maschinisten volle Kraft voraus. Dann stopp, dann zurück. Dieses hektische Manöver hat aber nur zur Folge, dass immer mehr Teile des Elbgrundes an die Wasseroberfläche gespült werden. Sonst geschieht nichts. Unser Dampfer liegt mit dem Steven stromaufwärts auf der Ostzonenseite fest. Nun ist guter Rat teuer. Vorbeifahrende Schiffe können zwar versuchen, den Bodo-Dampfer am Schlepp wieder flott zu machen. Doch das ist für die hilfsbereiten Kollegen mit Gefahr verbunden, sich selbst festzufahren. Deshalb machen einige auch sehr schnell Ratlosenzeichen, indem sie abwinken, die Schultern hochziehen, um sich dann abzuwenden und weiterzufahren. Jeder ist sich eben doch selbst der Nächste.

Trotzdem wagt einer den Versuch, uns zu helfen. Es wird ein Tau, an deren Ende ein dicker Draht befestigt ist, auf das Schiff geworfen. Wir legen die Trosse um unseren Poller. Dann setzt sich das hilfsbereite Schiff langsam in Bewegung. Der Draht spannt sich, unser Schiff schwankt, dann knallt es auch schon. Ein Teil des Drahtes schnellt durch die Luft. Er ist gerissen. Glücklicherweise wird niemand getroffen. Das Helferschiff hat zu viel Fahrt drauf, um den Rettungsversuch zu wiederholen.

Wir sehen auch hier zu guter Letzt nur noch die Ratlosigkeitsgeste des Schiffers und glauben ihm, dass er alles versucht hat, um uns zu helfen. Er hat ja sogar einen Teil seiner Stahltrosse bei dieser gescheiterten Aktion eingebüßt.

Plötzlich kommt ein Boot längsseits. So eines wie es die Polizei oder der Zoll auf den Flüssen fährt.
Aber es sind nicht Polizisten, wie wir sie sonst von der Grenze her kennen. Es sind Russen, russische Soldaten, mit Pelzmützen im Hochsommer und Bajonetten im Frieden. Sie springen auf das Deck wie Piraten zum Entern. Rennen schreiend auf Vater zu – Bootsmann und Maschinist verschwinden vorsorglich in der Kajüte – und richten die Maschinengewehre auf ihn. Immer wieder was auf Russisch brüllend. Mutter und ich stehen ängstlich daneben. Aus dem Schwall von Worten hören wir immer wieder ein Wort heraus: Spion! Außerdem: Permit, Permit. Vater soll seine Fahrerlaubnis zeigen. Mutter holt schnell dieses wichtige Dokument, das damals alle Binnenschiffer im Interzonenverkehr haben müssen. Während Vater weiter mit erhobenen Armen, doch jetzt mit dem Gesicht zur Kajütenwand, dasteht. Einer, der wie ein Offizier aussieht, geht auf Mutter zu und fragt nach Zigaretten und Armbanduhren. Sie reicht ihm die Schachtel, die sie noch hat und streift ihre einfache Uhr vom Arm. Zum Glück sieht die nach Gold aus. Der Mann ist zufrieden. Ein anderer schaut ernst in den Permit: „Da fehlt Stempel. Wo ist

Stempel? Permit nicht richtig. Du, Permit gefälscht. Du, doch Spion. Mitkommen zu Hauptmann." Wir sind alle entsetzt. Bootsmann und Maschinist werden ebenfalls schroff aus der Kajüte kommandiert und stehen hilflos da. Die Soldaten beraten sich untereinander. Vater wird abgeführt. Die Waffe bleibt auf seinen Rücken gerichtet. Auch die Arme darf er nicht senken. Mit dem Patrouillenboot wird er an Land gebracht, wo er mit den Soldaten im Gehölz verschwindet. Uns lässt man allein auf dem Dampfer zurück.

Stunden der Sorge und Angst vergehen. Wenn er nun nicht zurückkommt? Manche sind schon auf solche Weise für immer verschollen. Wurden erschossen oder nach Sibirien verschleppt. Wer soll ohne Vater das Schiff manövrieren? Was wird überhaupt in der Nacht mit dem Schiff passieren? Schiffer, die immer wieder von weitem fragen, was los ist, rufen wir zu: „Wir können nicht weiter. Der Kapitän ist von Bord geholt worden. Wir müssen noch liegen bleiben und auf ihn warten."

Noch vor Abend wird Vater von lachenden angetrunkenen russischen Soldaten zurückgebracht. „Heini ist kein Spion, er ist ein guter Mann", sagen sie zu Mutter. „Ihr könnt weiterfahren. Gute Fahrt noch" Einer streichelt mir sogar den Kopf. „Guter Junge, guter Junge." Dann legt das Patrouillenboot mit lachender Besatzung ab, nicht ohne noch mal freundschaftlich zu tuten. Der nächste Schiffer, der uns hilft, schafft es. Er kriegt unseren Dampfer frei. Der Schornstein bläst schwarzen Rauch in die Dämmerung. Vater steht angespannt auf der Kommandobrücke. Wir drehen in den Strom zurück. Erreichen endlich tieferes Wasser und nehmen rasch Fahrt auf.

Der Umbau des Dampfers

Nahe der Hammerbrookschleuse, wo Bahngleise das Hafengebiet wie Adern durchziehen, steht ein gewaltiger Kran. Dort soll der erste Teil der Verwandlung des Dampfers Bodo in ein modernes Motorschiff erfolgen: Das Herausnehmen des Dampfkessels. Das Schiff muss dazu ein paar Tage an der Kaimauer liegen. Über ihm wie ein Ungeheuer der Riesenkran. Die Stimmung wie vor einer Geburt, wie die Ruhe vor dem Sturm, wie das Warten auf ein Naturereignis.

Der Dampfkessel soll herausgenommen werden. Dieses Herzstück unseres Dampfers, mit dem das Bodo-Schiff drei Jahre über Flüsse und Kanäle gefahren ist. Eine lange Zeit für ein Kind. Vater kommt in seinem guten, aber schon ziemlich abgetragenen Anzug aus der Stadt und verkündet Mutter und mir feierlich: „Heute geht es los." Arbeiter haben mit ihren Brenngeräten schon den Kessel freigelegt. Auch der Schornstein mit dem wappenartigen **K** liegt jetzt unbrauchbar auf dem Deck. Dann hört man den Kran heranfahren. Mutter und ich sollen vorsorglich in der Kajüte bleiben. Es können Eisenteile auf das Deck fallen. Das Schiff erzittert, als empfände es Schmerz bei der Trennung von dem, das seit vierzig Jahren zu ihm gehört. Ein letzter Ruck, dann hebt sich der Schiffsrumpf um ein großes Stück mehr aus dem Wasser. „Jetzt könnt ihr rauskommen", ruft Vater. Der riesige Kessel hängt einige Meter über uns an stählernen Trossen. Das ist er also. Als er noch im Bauch des Bodo-Schiffes war, konnte man ihn nie so richtig sehen. Er erstreckte sich über mehrere Schotten. Im Maschinenraum sah man nur das Ende mit der Ofenklappe, die der Heizer auf der Fahrt wie ein unersättliches Maul mit Kohlen füttern musste. Das alles ist nun Vergangenheit.

Wie auch Schorsch, unser alter Heizer, den Vater vor Beginn der Ausbauarbeiten entlassen musste. Er war ein etwas kauziger alter Mann. Immer schwarz angezogen wie ein Schornsteinfeger. Allerdings trug er keinen Zylinder, sondern eine ziemlich schmutzige Schiffermütze mit einer Kokarde drauf. Er war zart, eher dürr, fast ausgemergelt. Während der Fahrt saß er, wenn der Kessel und die Dampfmaschine versorgt waren, auf der Treppe zum Maschinenraum. Den rechten Arm lässig abgestützt und rauchte mit Öl verschmierten Fingern eine Zigarette nach der anderen. Überhaupt war er wie der Leibhaftige mit Ruß bedeckt. Ich glaube, er hat sich selten gewaschen. Waschwasser ist knapp auf dem Schiff und Fluss- und Kanalwasser nicht für das Gesicht geeignet. Fast in jedem Hafen hatte Schorsch eine Nichte sitzen. Die jungen Frauen besuchten ihn. Er machte sich ein bisschen landfein und ging mit der einen oder anderen auch schon mal in die Stadt. Wenn er gute Laune hatte, kramte er mühsam einen eingewickelten Bonbon aus seiner vor alter Schmiere starren Hose, den er mir verschmitzt lächelnd reichte. Ich nahm ihn und machte mich rasch aus dem Staube. Später warf ich ihn dann ins Wasser. In den Mund stecken wollte ich ihn nicht. Er roch auch mehr nach Öl als nach Bonbon.

Erste sinnliche Erinnerungen verbinde ich mit dem Geruch von Dampf. Dem stetigen Vorbeiziehen der Landschaft. Sträucher, Bäume, Felder, Wiesen, Dörfer und Städte. Im Sommer sitze ich mit kurzer Hose auf den Eisenplanken, die sich durch intensive Sonnenbestrahlung erwärmen. Zufrieden und stolz blicke ich zu Vater hinauf. Er steht an sehr warmen Tagen im Unterhemd auf der Kommandobrücke. Auf dem Kopf eine früher wohl weiße, nun aber schon reichlich vergilbte Mütze. Mit seinen nicht großen, aber kräftigen Händen, deren Finger von der Arbeit aufgeplatzt und zerfurcht sind, hält er das Steuerrad und herrscht wie ein König über das Schiff. Der Dampfer hat besonders in den schmäleren Flussläufen der Havel eine ziemliche Wasserverdrängung. Damit lenkt er die Aufmerksamkeit kleinerer Schiffe oder Angelboote auf sich, die auf einmal anfangen, stark zu schaukeln. Auf die mir ziemlich winzig vorkommenden Sportboote blicken wir herab, und ihre Besitzer mit ängstlichen, manchmal auch bösen Blicken auf uns, wenn wir mit schäumender Bugwelle an ihnen vorbeiziehen und ihre Boote zum Schwanken bringen. Beim Durchfahren von niedrigen Brücken ziehen wir den Schornstein mit dem großen **K** ein. Dampf breitet sich unter dem Brückenbogen aus. Die auf uns Herunterschauenden ziehen schnell den Kopf zurück oder halten die Hände schützend vor Nase und Mund. Das alles hat nun ein Ende.

Nachdem unser Dampfer jetzt ohne Fortbewegungsorgane und Schornstein schon gar nicht mehr dampferähnlich aussieht, wird er nach Travemünde geschleppt. Dort soll er auf der Schiffswerft Schlichting ein neues Steuerhaus, einen anderen Kajütenaufbau und vor allem einen Motor bekommen. Darauf freuen wir uns, trotz aller Wehmut.

Der Umbau dauert Monate. Ich habe die Zeit auf der Werft als Ende eines Lebensabschnitts in Erinnerung. Meine kurze unbeschwerte Kinderzeit ist mit dem Umbau zu Ende. Danach ist plötzlich alles schwerer, düsterer, hektischer und nicht mehr glücklich. Das hängt auch damit zusammen, dass Vater nun größere Belastungen durch Kredite hat und zusehen muss, möglichst jede angebotene Ladung anzunehmen. Ob sie ihm passt oder nicht.
Um die Kosten geringer zu halten, führt er kleinere Arbeiten, wie Streichen und Ausbesserungen am Schiff in Eigenregie aus. Dazu heuert er einen Hilfsmann aus Travemünde an, der mit ihm abrostet und den Schiffsrumpf an schadhaften Stellen mit Mennige vorstreicht, damit später der endgültige Anstrich aufgetragen werden kann. Es ist Pech, dass dieser Bursche nicht zuverlässig ist. Mal

kommt er zur Arbeit, mal kommt er nicht. Er bekommt seinen Lohn täglich und kehrt dann gleich in einer Kneipe zu Bier und Korn ein. Plötzlich erscheint er mehrere Tage gar nicht mehr, was uns dann schließlich doch beunruhigt. Vater kennt die einschlägigen Kneipen und sucht seinen Hilfsmann persönlich, was Mutter und mich ebenfalls unruhig macht, da er ja auch selbst nicht vor dem Versacken gefeit ist.

Tage später dann – Vater hat schon einige Zechtouren hinter sich – fischt man eine männliche Leiche aus der Trave. Es ist unser Hilfsmann. Er ist nachts im Rausch am Traveufer abgerutscht und fand in der Strömung des Flusses den Tod. „Die Leute, die man für solche Arbeiten kriegt, sind alle nichts", stellt Vater fest. „Wir machen den Rest allein." So bindet sich Mutter ein Kopftuch um. Ich bekomme eine Mütze auf und springe im Laderaum herum. Oder ich versuche mich auch beim Streichen. Das wird aber eher ein Spiel, während die Eltern richtig arbeiten.

Um nach Travemünde zu gelangen, müssen wir mit einem Fährprahm über die Trave. Die Fähre fährt sehr langsam. Sie wird nur durch ein Drahtseil in Bewegung gesetzt, das unter Wasser durch den Fluss verläuft und von einer Motorwinde auf dem Schiff aufgewickelt wird. Dieses Schneckentempo der Fähre ist wohl auch der Grund, warum die große Bootshalle nicht vor den Flammen gerettet werden kann. Wir liegen erst einige Tage am Anleger, als wir durch Schreie und helle Flammen aus dem Schlaf gerissen werden. Immer wieder hören wir Martinshörner. Auf der Fähre stehen Feuerwehren und lassen, wenn sie schon nicht schnell zum Verrichten ihrer Arbeit hinüber kommen, wenigsten ihre Warnsignale häufiger ertönen. Vater macht sich an den Trossen zu schaffen, um das Bodo-Schiff weiter vom Brandherd weg in den Fluss hinein zu manövrieren, was ohne Maschine nur durch Staken möglich ist. Jedenfalls sage ich in dieser Situation zu meiner Mutter den filmreifen Satz: „Mama, ich habe dich so geliebt und nun müssen wir sterben!"

Sie nimmt mich in die Arme und tröstet mich. Nach einigen Stunden ist das Feuer gelöscht. Die Luft riecht noch lange nach dem Brand, und man kann schlecht atmen.

In dieser Umbauzeit sehen wir in Travemünde auch einen Film und ein Weihnachtsmärchen. Zu beiden gehe ich das erste Mal. Die Leinwand des Kinos erscheint mir riesig und macht großen Eindruck auf mich. Es ist ein Film mit Maria Schell. Die spielt eine junge hübsche Frau, die bei der Heuernte einen ebenfalls jüngeren kernigen Mann lange küsst. Wir sitzen ziemlich weit in der Mitte der Reihe, die fast ganz besetzt ist. Ich muss plötzlich dringend zur Toilette. Dahin gehe ich allein sehr ungern. Besonders in fremder Umgebung. Ich habe die fixe Idee, dass ich plötzlich die Klotür nicht mehr aufbekomme. In diesem Kino aber quetsche ich mich doch ohne Mama an den Sitzenden vorbei, denn die stellt sich stur und will den Film ohne Unterbrechung genießen. Hurra, ich habe ein Erfolgserlebnis und schaffe alles auch ohne mütterliche Hilfe! Allerdings verlassen wir das Kino dann doch vor Schluss, weil ich das lange Sitzen nicht mehr aushalte. Diesen Film finde ich doch ziemlich langweilig, womit ich mich sehr von der Einschätzung meiner Mutter unterscheide.

Als Weihnachtsmärchen gibt es Hänsel und Gretel. Es wird mir von Mutter als Theaterstück angepriesen. Sie sagt, dass ich neben dem Kino, in dem man gewiss ohne Frage viel lernen kann, auch in meinem späteren Leben häufig ins Theater gehen müsse, denn das sei noch wichtiger als Kino, weil dort die Stücke von lebendigen Menschen gespielt werden. Die Aufführung findet in der Aula einer ehrwürdigen Schule statt. Der Raum ist bis auf den letzten Platz gefüllt. Es wird auch die Geschichte von Hänsel und Gretel so gespielt, wie ich sie von Mutter kenne. Zum Schluss wird die böse Hexe in den Ofen gestoßen. Alle sind erleichtert. Was mich an der Aufführung allerdings stört, ist die Dekoration. Das Hexenhaus, der Stall und auch der Backofen bestehen nur aus Wolldecken, die einfach über Stühle gelegt worden sind. Das ist für mich kein richtiges Theater, denn das hat ja mit der Wirklichkeit gar nichts zu tun. Ich bin enttäuscht.

Das ist mein erstes und einziges Theaterstück in meiner Kinderzeit, wenn ich von den Krippenspielen im Heim absehe, in denen ich wegen meiner tiefen Stimme mehrmals den Josef gespielt habe.

Damals bin ich gespannt auf die Schulzeit, die nach Adam Riese in einem halben Jahr beginnen soll. Etwas mulmig wird mir bei dem Gedanken in ein Schifferkinderheim zu müssen. Ich will nämlich gar nicht allein ohne Mutter irgendwo sein. Vielleicht nehmen sich meine Eltern ja doch eine Wohnung an Land, und ich kann ganz normal, wie andere Kinder auch zur Schule gehen. Ich weiß nicht, was wird und mache mir viele Gedanken. Kann mich gar nicht so richtig auf die Zukunft freuen. Mir wird immer klarer, dass ich wohl als Schifferkind kein normales Kind bin. Das bedrückt mich.

Die Leute an Land leben gut. Mutter und ich besuchen in Lübeck Tante Tine und Onkel Ernst. Tante Tine ist eine hoch betagte Dame mit altjüngferlichen Eigenheiten. Sie wohnt mit ihrem Bruder in einem Patrizierhaus. Dort gibt es ein altes Klavier, auf dem ich herumklimpern darf. Sie prägt den Ausspruch gegenüber Mutter: „Bodo hat ja die gleiche Nase, wie unser Kaiser." Ich spüre, dass diese Feststellung für sie ein Kompliment ist und bin stolz. Ihr Bruder Ernst ist Zollinspektor im Ruhestand. Er spielt mit mir auf dem Teppich Hund und Katze. Das Spiel wird wilder und wilder. Immerzu bellt er oder gibt Katzenlaute von sich. Gibt mir dabei einen nach seiner Meinung leichten, aber für mich ziemlich harten Knuff oder Klaps. So mag ich bald nicht mehr und wundere mich, dass ein alter Mann nicht vernünftig redet.

Diese beiden Leute aus Mutters Familie habe ich nicht wiedergesehen. Dazu gibt es wohl auch kaum Gelegenheit, denn wir sind ja nun bald wieder mit dem Schiff unterwegs. Die Probefahrt des früheren Dampfers mit dem neuen Motor verläuft zur vollen Zufriedenheit von Vater und den für den Umbau zuständigen Schiffsingenieur. Nun leben wir also auf einem Motorschiff. Moderne Zeiten sind jetzt für uns angebrochen.

Ein Täuschungsmanöver

Als ich sechs bin, habe ich Lust auf Schule. Wenn ich Kinder sehe, die eine Tasche für ihr Pausenbrot um den Hals hängen haben und einen Ranzen auf dem Rücken, werde ich neidisch. „Mama, Papa, wann komme ich endlich in die Schule?" „Wenn wir eine Wohnung haben. Dann bleibt Mama mit dir an Land und du fährst nur in den Ferien auf dem Schiff mit." Mutter: „Aber ich möchte auch, dass mein Mann bei mir ist." „Wie soll das gehen, Anita? Dann muss doch der Junge ins Heim." „Ins Heim will ich nicht. Ich will nicht von euch weg. Dann bleibe ich lieber auf dem Schiff. Ich möchte aber so gern in die Schule wie andere Kinder." „Aber du bist ein Schifferkind. Wir sind mal hier und mal da, wie Zirkusleute. Zirkuskinder gehen zur Schule, wenn der Zirkus irgendwo länger bleibt." „Ich möchte aber gern immer zur Schule gehen. Ich will Lesen und Schreiben lernen."

Zur Beruhigung, und damit die Debatte zu Ende ist, bekomme ich einen Schulranzen und eine Pausenbrottasche. Wenn wir irgendwo angelegt haben und Mutter wieder das Lauffieber packt, gehe ich als Schulkind neben ihr her. Kenntlich an den Insignien des Schülerlebens: an Ranzen und Brottasche. Beide sind ein Zeichen: Da geht ein Junge, der auch zu den Schulkindern gehört. Beim Friseur fragen mich die netten Friseurinnen, als sie meine Schulattribute sehen: „Gehst du denn schon zur Schule?" Ich bin schüchtern und bekomme rote

Ohren: „Noch nicht richtig, aber bald." Ich will nicht lügen. Da lächeln die netten Frauen. Ich blättere weiter in der Illustrierten und tu so als kann ich lesen.

Eine Flucht

Der Rhein hat für mich etwas Bedrohliches. Das hat mit dem unruhigen Wasser, dem stärkeren durch zahlreicheren Schiffsverkehr verursachten Wellengang und der doch ziemlich großen Breite des Flusses zu tun. Außerdem fährt Vater das Schiff hier nicht allein. Ein Lotse steht ihm im Steuerhaus zur Seite, weil er selbst kein Patent für diese Wasserstraße besitzt. Dieser Fremde ist nun wegen seiner Befehlsgewalt plötzlich Autoritätsperson. Somit auch jemand, der von mir gefürchtet wird. Das ist der Grund, warum ich das Steuerhaus, in dem ich mich sonst gern am Tag aufhalte, meide. Ich bleibe also lieber mit Mutter in der Kajüte, solange der Lotse an Bord ist. Allerdings voller Anspannung. Jedes Dröhnen und Drehen des Schiffes wird von mir mit einem Adrenalinstoß registriert. Besonders, wenn das Bodo-Schiff schwer beladen ist und viel Tiefgang hat. Schaue ich durch ein Bullauge nach unten, bleibt kaum eine Handbreit Platz bis zur hektischen Kräuselung des Wassers. Wenn Schiffe vorbeifahren und das Wasser noch mehr beunruhigen, kommt es sogar vor, dass die Scheibe wie beim Aquarium einen kurzen Blick in die trüben Fluten freigibt. „Hoffentlich wird sie halten", denke ich dann. Zum Glück ist sie mit einem Gummiring gut abgedichtet. Ich stelle mir vor, wie weit das Wasser mich bedeckt, wenn die Schiffswand nicht als schützende Grenze zwischen mir und diesem Element wäre. Dabei komme ich mit einem gewissen Schauder zu dem

Ergebnis, dass ich auf dem Schiff doch mehr Gefahren ausgesetzt bin, als in einem festen Haus an Land.

Mit solchen Gedanken beschäftigt, stehe ich auf der Küchenbank und blicke nach draußen. Dabei sehe ich die Pfeiler der passierten Rheinbrücken sich mächtig der Strömung widersetzen. Höre auf das angestrengte Hämmern der 250 PS - Maschine. Hat sich das Motorengeräusch nicht eben anders angehört? Vater sagt manchmal, dass unser Motor bei Rheinaufwärtsfahrten für das beladene Schiff eigentlich zu schwach ist. Doch jetzt fahren wir mit der Strömung. Da wird die Maschine ja entlastet. Zum Glück haben wir den Lotsen. Dieser Gedanke gibt mir Sicherheit. Der wird schon wissen, was bei einer Havarie oder in einer Notsituation zu tun ist. Doch ganz beruhigt bin ich trotzdem nicht. So ist jedes plötzliche Glucksen des Wassers, jedes Schwanken des Schiffskörpers ein Zeichen für die unberechenbare Gewalt des Flusses, dem wir für die Zeit unserer Fahrt auf Gedeih und Verderb ausgeliefert sind, und das auch noch mit einem unzulänglichen Schiff, wie ich Vater verstanden habe

Mutter bleibt von dem allen unbeeindruckt. Sie steht am Herd und macht Kartoffelpuffer, während der Kölner Dom in der Rundung des Bullauges vorüberzieht. Die ganze Kajüte ist beim Braten voller Dunst. Es ist ja kaum was zu öffnen. Auf die Puffer streut sie viel Zucker, das hab ich gern.

Plötzlich wird lang getutet. Das Bodo-Schiff dreht bei. Die Wellen treffen den Schiffskörper nun in der Seite und bringen ihn noch mehr zum Schwanken und Dröhnen. Wir fahren in den Walsumer Hafen ein. Spundwände, die mir wie Gebirgsmassive vorkommen. An allen Seiten des Hafenbeckens Schiffe. Meistens liegen mehrere Kähne nebeneinander, darauf wartend, gelöscht zu werden oder Ladung aufzunehmen. Auf der Kaimauer bewegen sich Kräne hin und her. Sie reichen mit ihren Lastarmen weit in das Hafenbecken hinein. Es ist Abend. Starke Scheinwerfer strahlen zangenartige Greifer an, die sich über dem Laderaum eines Schiffes öffnen, um sich wie metallene Riesenfäuste im Kohlenstaub zu verkrampfen. In der Umgebung ragen Schornsteine und Kühltürme in den dunkelgrauen Himmel. Wir fahren langsam an die zwei-, drei-, vier- und mehrfachen Schiffspakete vorbei auf der Suche nach unserem Liegeplatz. Zur Orientierung dienen beleuchtete Aufschriften wie Thyssen, Krupp, Stinnes und andere bekannte Namen gängiger Firmen von Rhein und Ruhr. Während des ganzen Manövers, das mit Anspannung und Gesprächen im Steuerhaus verbunden ist, fallen mir die eiförmigen Tanks auf, die den zu groß geratenen Kränen gegenüberliegen. Sie tragen die Aufschrift BP und sind Öl- oder Treibstofflager, die zur Raffinerie gehören. Kräne warnen mit Sirenen, Ladeluken klappen, Greifer stoßen an Planken und verursachen ein quietschendes Geräusch, wenn sie sich schließen. Arbeiter rufen Befehle zu Schiffern und Kranführern.

Nachdem der Lotse von Bord ist, geht Vater sich anmelden, um einen Termin zum Löschen der Ladung zu bekommen. Der Herzschlag des Hafens besteht Tag und Nacht aus unentwegtem Aus- und Einladen und Anlegen und Ablegen der Schiffe. Ständig gesellen sich neue Kähne zu den bereits liegenden Schiffseinheiten. Andere versuchen durch Verholen aus den Knäueln heraus zu kommen. Häufig müssen die Schiffer oder Bootsleute der außen festgemachten Kähne erst aus ihren Kajüten gerufen werden, um ihre Schiffe wieder festzumachen, wenn von innen ein anderes abgelegt hat. Was sie natürlich gar nicht freut. Vater bleibt zu lange fort. Mutter und ich sind bei den Verholvorgängen auf fremde mürrische Hilfe angewiesen, denn die Trossen, die man zum Festmachen eines beladenen Schiffes braucht, sind doch zu schwer. Zumal Mutter nicht sonderlich geübt ist. Obwohl sie ein Schifferdienstbuch besitzt, in dem sie offiziell als Bootsmann geführt wird. Wo Vater nur bleibt?

Plötzlich ruft jemand von der Kaimauer herunter: „Motorschiff Bodo! Motorschiff Bodo!"
„Hier!", antwortet Mutter.

„Ihr sollt heute noch löschen. Der Kran kommt gleich zu euch! Macht alles soweit fertig!" Nun ist guter Rat teuer. Vater nicht an Bord. Mutter und ein noch nicht ganz sechsjähriger Junge sollen die schweren Luken aufdecken und den Greifer in die Laderäume dirigieren. Wie soll das gehen? Die Ladeluken bestehen aus sperrigen gewellten Blechabdeckungen. Sie liegen eng in Rillen aneinander und müssen beim Aufdecken mit Arbeitshandschuhen übereinander gestapelt werden. Die schon ziemlich alten Wellblechluken, die noch aus der Dampferzeit stammen, haben scharfe Kanten, die die Hände bös verletzen können, wenn man, wie Vater manchmal, schnell mal ohne Handschuhe zupackt.

Da ertönt auch schon die Warnsirene und einer der Kräne erscheint plötzlich hoch über uns. Grelles Licht ist auf unseren Laderaum gerichtet. Der Greifer senkt sich und bleibt wenige Meter über den noch nicht aufgedeckten Luken in der Luft stehen. Der Kranführer öffnet hoch oben in seinem Häuschen ein Fenster, formt die Hände zum Trichter und ruft: „Seid ihr noch nicht fertig, Bodo? Was ist denn los? ihr sollt doch löschen!"
Mutter will gerade rufen, dass der Schiffer nicht da ist, da klettert Vater so schnell er kann die eingelassene Stufenleiter an der Kaimauer herunter. In Windeseile stapelt er mit Mutter Luke auf Luke. So ist wenigstens erst mal ein Laderaum aufgedeckt, und man kann mit dem Entladen beginnen.

Da schwebt auch schon der geöffnete Greifer über unsere Köpfe. Beim Schließen der Schaufel des Monstrums im Laderaum schwankt das Schiff hin und her. So geht es etliche Male. Immer wieder decken die Eltern die nächsten Laderäume auf, bis sich das leichter gewordene Bodo-Schiff aus dem Wasser hebt. Schließlich schaufeln einige Arbeiter den letzten Rest Kohlenstaub zum Haufen zusammen, der dann vom Greifer langsam aufgenommen werden kann. Dann sind wir leer.

Das Schiff muss sofort in den Teil des Hafenbeckens verholt werden, wo die leeren Kähne liegen. Danach ist eigentlich für uns Nachtruhe. Doch Vater will noch mal weg. „Du, ich bin vorhin so eilig los und habe meine Zeche gar nicht bezahlt, weil ich nicht genug Geld mit hatte. Der Wirt hat mir gestundet. Ich musste ihm aber versprechen, noch mal vorbeizukommen. Ich komme aber gleich wieder." Mutter ringt mit sich, ob sie nicht mitgehen soll. Da muss sie mich allerdings auch mitnehmen. Sie weiß, dass ich an Bord nicht allein bleibe. Der Tag war überladen mit Eindrücken. Ich bin hundemüde und schlafe fast im Stehen ein. „Mama, ich will endlich schlafen. Bleib hier. Geh nicht mit." Ich stampfe mit dem Fuß auf. „Ich bleib bei dir", sagt sie schließlich. Und dann schlafe ich an Mutters Seite ein.

Als ich wach werde, ist sie schon auf. Doch es ist noch Nacht. Vielleicht zwei oder drei Uhr morgens. Feuersirenen sind zu hören. Stimmen, explosionsartiges Geknatter. Irgendwas ist los. Durch die Bullaugen sehe ich, dass es draußen brennt und hohe Flammen flackern. Wir ziehen uns schnell was über und gehen an Deck. Tatsächlich Feuer. Einige Raffinerietanks auf der anderen Seite stehen in Flammen. Mit mehreren Löschzügen versucht die Feuerwehr eine Ausbreitung der Flammen zu verhindern, indem sie die Tanks mit Wasser bespritzt. Größere Explosionen hat es bisher noch nicht gegeben. Wer weiß aber, ob nicht doch noch ein Tank in die Luft fliegt. „Dann kriegen wir hier auch was ab", denke ich. Löschboote und Wasserschutzpolizei lassen die Situation noch hektischer erscheinen. Hitze und Rauch erreichen uns nun auch. Mutter gibt mir ein nasses Handtuch, das ich mir vor Mund und Nase halten soll. Vater ist noch immer beim Bezahlen seiner Zechschulden. In welcher Kneipe das stattfindet, wissen wir nicht.

„So ist es wohl auch im Krieg", sage ich zu Mama. Von Bomben und Bränden in Hamburg hat sie mir manchmal erzählt. Nun nimmt sie meinen Kopf und küsst mich auf die Stirn. „Hab man keine Angst." An den im Scheinwerferlicht wie Schatten tanzenden Rauchschwaden erkennen wir, dass der Wind gedreht hat. Der Qualm zieht landwärts. Die Schiffe, die aus Vorsicht abgelegt haben, machen wieder fest. Das Feuer ist unter Kontrolle. Die größte Gefahr scheint gebannt. Wir gehen in die

Kajüte und legen uns, so wie wir sind, aufs Bett. Ich schlaf schnell ein. Bin doch ganz schön fertig und erschöpft. Mutter auch. Am nächsten Tag sieht man die ausgebrannten Gerippe mehrerer Öltanks in den Himmel ragen. Die Leute sagen: „Zum Glück ist nichts explodiert. Das hätte eine Katastrophe gegeben!"

Vater stöhnt in seinem Bett. Es riecht nach Alkohol (Mutter sagt Sprit) und nach Schweiß. Mutter liegt still an meiner Seite, dreht sich zu mir um und legt den Finger auf die Lippen: „Pst, Papa schläft."

Später erfahre ich, dass sie sich am frühen Morgen heftig gestritten haben. Er sei Sternhagel voll nach Hause gekommen und wollte was von ihr. Wie hätte sie sich diesem Mann hingeben können, der nicht einmal da ist, wenn Frau und Kind in größter Gefahr sind? Dann habe er ihr Schläge angedroht und sie dann wieder nachgegeben. Ich habe das alles nicht mitbekommen oder nicht mitbekommen wollen. Manchmal verschwinden Vater und Mutter hinter einer Tür in der Kajüte und schließen sie ab. Kurze Zeit später kommen sie wieder heraus und sind aufgekratzt. Ich kann mir auf dieses Verhalten keinen Reim machen. Bis Mutter einmal sagt: „Dann will er was von mir, der geile Bock" Diese rüde Art über Vater zu sprechen, erkläre ich mir so, dass Mutter geistig nicht ganz gesund ist. Vater sagt manchmal: „Die Frau ist doch nervenkrank, die redet oft dummes Zeug. Da darfst du nichts drauf geben" So nehme ich sie nicht ernst, wenn sie Vater beschimpft und schlecht von ihm redet.

Während er weiter seinen Rausch ausschläft, bringt Mutter die Brieftasche, die er gern unter dem Kopfkissen versteckt, an sich. Sie nimmt alle größeren Geldscheine heraus und schiebt sie ihm fast leer wieder unter. Er atmet schwer, schläft aber weiter. Mutter zieht mir hastig Schuhe und Mantel an, schnappt sich ihre abgetragene Handtasche, ohne die sie keinen Schritt aufs Land setzt. Beide steigen wir dicht nacheinander die in das Mauerwerk eingelassene Leiter an der Kaimauer hinauf. Es sind viele Sprossen. Ich muss mich beim Klettern ziemlich anstrengen. Oben angekommen, läuft Mutter mit mir so schnell sie kann. Fort, immer nur fort, weg von diesem unsäglichen Hafen, weg von Heini, weg vom Bodo-Schiff. Später zählen wir die Geldscheine. Es sind circa 4000 Mark. Eine stattliche Summe im Jahre 1951.

In Hamburg wohnen wir im Stadtteil Blankenese in einem Hotel nahe Baurs Park. Jugendstilvilla mit Erkern und Türmchen. Frühstück mit Blick auf die Elbchaussee. Wir sitzen an rosa Tischen vor halbrunden Fenstern mit langen zurückgeschlagenen Vorhängen. Ich genieße das Hotelambiente. Fühle mich wie ein Kind aus gutem Hause. Der Tisch ist für uns mit wertvoll aussehendem Geschirr gedeckt, das auf einer zur rosa Tapete passenden

Tischdecke steht. Ein freundlicher Kellner serviert für Mutter Kaffee, für mich Kakao. Frühstückseier, Brot, Marmelade und verschiedene Sorten Aufschnitt. Eine neue Erfahrung: Wie selbstverständlich Mutter hier im Hotel lebt! Sie ist auf einmal eine feine Dame.

Während Vater ständig klagt, dass er kein Geld hat und sparen muss, trotzdem aber alles in Kneipen auf den Kopf haut, gibt Mutter das Geld souverän aus. Ist gewandt und freundlich und wird mit „gnädige Frau" angeredet, obwohl sie ganz und gar nicht danach aussieht. Sicher trägt sie auch hier das Kopftuch einfach über ihr unfrisiertes Haar. Vielleicht ein graues oder helles Kostüm. Unterwegs einen abgetragenen grauen Trenchcoat. Über ihrem Arm hängt, wie so oft, eine gewaltige lederne Tasche, die sie Handtasche nennt, die aber mehr Einkaufstasche ist. Ohne die verlässt sie niemals das Schiff. Mit ihr trägt sie ihre Papiere und alles, was ihr lieb und teuer ist, herum, wie die Unbehausten ihr Bündel.

Meine Kleidung besteht aus Jockeymütze, buntes Hemd, kurze Lederhose mit Edelweißhosenträgern. Darunter lange braune Strümpfe. Auf Schuhe achtet Mutter besonders. „Das ist wichtig, ein Kinderfuß wächst noch." Sicher kaufen wir neue Schuhe bei Elsner oder Salamander in der Mönckebergstraße.

In Blankenese gehe ich auch das erste Mal zur Kirche. Mutter ist fromm. Sie glaubt an Gott als Instanz über sich, der sie immer vertrauen kann und die es gut mit ihr meint. Von diesem Gottesdienst sind mir nur die hohe Kanzel und die Person des Predigers in Erinnerung geblieben. Der Pastor dort oben, erscheint mir wie ein guter Vater. Er lächelt unentwegt und macht viele Hand- und Armbewegungen, mit denen er seinen Worten besonderen Nachdruck verleiht. Es sind wohl ziemlich wichtige Dinge, über die er spricht. Mutter sagt, er predigt. Besonders eindrucksvoll ist sein schneeweißes Haar, obwohl er noch gar nicht alt aussieht. Er sieht so anders aus als Vater und die anderen Schiffer, die ich kenne. Mehr wie der Kellner im Hotel. Seine Hände sind glatt und weiß und sein Mund könnte sehr gut „Gnädige Frau" sagen oder „darf ich Ihnen Kaffee servieren und dem kleinen Mann Kakao?"

Wir machen schöne Spaziergänge in diesem früheren Fischerdorf. Zum Beispiel die lange Treppe zur Elbe hinunter. Ich laufe und springe schnell alle Stufen hinab und kehre genauso forsch wieder zu Mutter zurück. Dann nimmt sie mich in den Arm und küsst mich oder bringt mein Halstuch in Ordnung, das ich als Schutz vor Halsentzündungen trage, die mir oft zu schaffen machen.

Von unserem vornehmen Standort aus unternehmen wir auch in Hamburg manche Verwandtenbesuche. Einem Onkel von Mutter, Onkel Heinrich, gehört in Osdorf ein Ausflugslokal. Er ist schon hochbetagt und sitzt nur noch im Lehnstuhl. Mutter ist stolz, mich vorzuzeigen. Sie hat sich eine freudige Anteilnahme an ihrem Glück als Mutter erhofft. Doch der alte Onkel zelebriert nur seine eigene Hinfälligkeit und das Unglück, dass er nun sein Gartenlokal aus Altersgründen verkaufen muss. Darüber macht er viele Sätze. Von mir nimmt er kaum Notiz. Als wir wieder gehen. bin ich froh. Auch in seinen besseren Jahren soll er ein harter Mann gewesen sein. Sein Sohn hat sich erschossen, nachdem der Vater ihm eines Tages den Zutritt zum Elternhaus verweigerte. Der Anlass soll mit einem Gelddiebstahl zusammenhängen, der wegen einem Mädchen ausgeführt wurde. „Seit diesem Familiendrama ist Onkel Heinrich verbittert", erklärt Mutter. Was man ja irgendwie auch verstehen kann.

Das Band meiner Mutter zur Wendt'schen Seite ihrer Familie ist schon länger gestört. Der Grund dafür besteht wohl darin, dass Großmutter Emma, den lebenslustigen Heinrich Thorn geehelicht hat. Einen verwöhnten Spross aus gutbürgerlichem Hause. Seine Eltern hatten Besitzungen in Südamerika. Haben sich aber schrecklich mit Geld verspekuliert und schließlich beide in den achtziger Jahren des 19.Jahrhunderts das Leben genommen. Der kleine Heinrich wuchs bei seinen Großeltern auf, wurde sehr verwöhnt und genoss seine Jugend ziemlich unbeschwert und frei von Verantwortung.

Emmis Eltern dagegen besaßen einen mittleren Bauernhof und hatten vierzehn Kinder. Aus der Sicht dieser bodenständigen Menschen ist Heinrich Thorn ein Aufschneider. Aber die Liebe dieses Mannes zu ihrer Tochter macht auf sie doch einen gewissen positiven Eindruck. Zumal diese – „zu allem Unglück", wie sie sagen - schon Mutter eines unehelichen Kindes ist. Und deshalb nicht mehr so leicht unter die Haube zu bringen. Darum ist es vom praktischen Standpunkt sicher gut und geboten, wenn Emmi diese, vielleicht nicht mehr so oft sich ergebende Gelegenheit ergreift und mit dem Hallodri zum Traualtar schreitet. Auch wenn sie den zukünftigen Schwiegersohn nur unter Vorbehalt akzeptieren können.

In den ersten Ehejahren führt Emmi noch in Neumünster ein Putz- und Modewarengeschäft, das durch den Boom der damaligen abwechslungsreichen Hutmode wohl ganz einträglich ist. Außerdem hat die junge Frau ganz allgemein ein Faible für Modisches und ein geschicktes Händchen für das Geschäftliche. Ihre uneheliche Tochter Toni, die noch länger für meine Mutter nur die Tante bleibt, hat ebenfalls Sinn für Kleidung und Geschmack von der Mutter geerbt. Sie wird dann später in der Modebranche arbeiten. Jedenfalls schafft es Emmi Thorn, ihren Mann zur regelmäßigen Arbeit zu bewegen, so dass die Familie von seinen alleinigen Einkünften als Kaufmann in der Eisenbranche leben kann. Leider stirbt sie schon in den besten Jahren an Gebärmutterkrebs. Da ist Mutter gerade erst zwölf Jahre alt ist. Nach dem Tod seiner Frau ist Vater Thorn ein gebrochener Mann. Er geht kaum noch zur Arbeit und verlässt an manchen Tagen das Bett überhaupt nicht mehr. Um seine beiden Kinder kümmert er sich nur noch sporadisch. So raten ihm Freunde und Bekannte zu einer Haushälterin.

Die Frauen im Haushalt wechseln oft. Viele machen sich Hoffnungen auf eine Ehe mit dem gut aussehenden Witwer. Einer gewissen Margarete Kurschuss, die von Mutter später immer nur „die zweite Mutter" genannt wird, gibt er schließlich sein Ja-Wort. Mutter ist nicht glücklich mit den ständig wechselnden Haushälterinnen. Aber noch weniger mit Margarete Kurschuss, die nun bleibt, weil sie, wie Mutter behauptet, „den Vater rumgekriegt hat". Es ist wie eine Ohrfeige für das junge empfindsame Mädchen, als der Vater verlangt, dass sie zu dieser wildfremden Frau „Mutter" sagen soll. „Sonst verlässt du auf der Stelle das Haus", droht er seiner sich sträubenden Tochter an. Irgendwann hat sie dann doch das Haus mit wenigen Sachen verlassen und geht in Stellung zu einem Bauern in der Nähe von Stade, wo sie zwölf Kühe melken muss. Sie ist damals ein braves schüchternes Mädchen.

Die zweite Mutter hat nach dem Tod Heinrich Thorns Mitte der vierziger Jahre abermals geheiratet und lebt mit ihrem neuen Mann, Herrn Eggers, einem kränkelnden ehemaligen Alkoholiker und jetzigen Guttempler in Eimsbüttel. Mutter kennt die Adresse und freut sich, mit mir bei diesen Leuten vorbei zu schauen.

Sie haben ihr Domizil in einer Kellerwohnung. Es ist dort tagsüber dunkel und feucht. Ich soll Oma Eggers sagen. Da habe ich nichts gegen, denn in Berlin wohnt auch schon eine Oma mit Nachnamen, nämlich Oma Krüger. Die neue Oma ist zuerst freundlich, „katzenfreundlich", wie Mutter sagt, aber bestimmend und rechthaberisch. Vieles wird mir vorsorglich gleich verboten. „Damit es keine Missverständnisse gibt", wie sie sagt. Dabei habe ich überhaupt kein Interesse, etwas anzustellen. Ich bin doch ein braves und eher schüchternes und zurückhaltendes Kind. Der neue Opa ist von der Sucht gezeichnet: verhärmt, dürr und magenkrank. Trotzdem oder gerade deshalb raucht er eine Zigarette nach der anderen. „Lange wird er es wohl auch nicht mehr machen", sagt Mutter heimlich zu mir. Ihre zweite Mutter heirate immer nur Männer, die es nicht mehr lange machten. Das war bei ihrem Vater so und dass wird auch bei Opa Eggers so sein. „Sie bereichert sich am Geld ihrer ehemaligen Männer", verrät sie mir. Leider müssen wir länger, als wir vorhaben bei diesen Leuten bleiben, weil die 4000 Mark fast aufgebraucht sind. Ich hätte lieber weiter im Hotel gewohnt, denn hier ist es finster und ungemütlich. Man spürt Kälte und Lieblosigkeit in jedem Winkel dieser feuchten Behausung. Außerdem darf man nicht zu viel sagen, weil die Stiefoma an der Tür horcht.

Während dieser Zeit führt Mutter den Sechsjährigen durch die Gegend, in der sie aufgewachsen ist. Sie zeigt ihm das Mietshaus in der Oelkersallee, wo sie bis zwölf mit beiden Eltern und dem Bruder gelebt hat. Erzählt vom Tod der Mutter. Spricht vom Erschrecken, als diese schnell mit der Taxe ins Krankenhaus muss und den Kindern noch ein paar aufmunternde Worte aus der Ferne zuruft. „Ich bin bald wieder da. Passt mir auf euren Vater auf." Der ist ohne Frau total aufgeschmissen, kann sich kein Ei selber kochen und keinen Nagel in die Wand schlagen. Als die Todesnachricht kommt, heult und schluchzt er nur. Alle umarmen sich. Was soll nun werden? Wir gehen am Lyzeum in der Allee vorbei. Dort ist Mutter einige Jahre zur Schule gegangen. Aber bald nach dem Tod seiner Frau, kann ihr Vater das Schulgeld nicht mehr bezahlen. Er hat seine Arbeit verloren. Mutter muss wieder auf die Volksschule zurück. Es sind wirtschaftlich schwierige Zeiten. Heinrich Thorn hat keine Energie mehr, obwohl er erst Mitte vierzig ist.

Mutters Bruder Bodo, den sie über alles liebt, wie sie immer sagt. Nach dem ich auch den Namen habe. Kommt auf die schiefe Bahn. Überhaupt geht Onkel Bodo einen nicht einfachen Weg.

Der ansehnliche Junge übt besonders auf schwule Männer eine starke Anziehungskraft aus. Manche stellen ihm hartnäckig nach und bedrängen ihn mit ihrer Liebe. Mehr als einmal ist er in Schlägereien verwickelt. Nach Mutters Schilderung ist das seine Art, sich die Zudringlichkeiten der Werber vom Leibe zu halten. Mehrfach sitzt er deshalb wegen Prügeleien im Gefängnis. Denn auch wenn ihn die Männer begehrenswert finden, so liebt er dagegen Frauen. Er heiratet eine gewisse Eveline, die unter dem Künstlernamen Evi als Schönheitstänzerin im Varieté Trichter auf Sankt Pauli auftritt. Allerdings hat Evi Probleme mit dem Treusein. Was wohl auch nicht ganz einfach in diesem Beruf ist, weil man viele Verehrer hat. Als Onkel Bodo zur See fährt – er ist Steward auf einem Passagierdampfer - beginnt sie ein Verhältnis mit einem Mann, der nicht so wie Bodo auf das Geld achten muss. Die Ehe geht dabei in die Brüche. Nach dieser schlechten Erfahrung hat Bodo das Vertrauen zu Frauen verloren. Er lässt sich treiben, verliert die Arbeit und verlegt sich immer mehr darauf, seine Ausstrahlung auf bestimmte Männer zu nutzen, indem er sich von ihnen finanziell aushalten lässt. Irgendwann kommt es erneut zu einer Tätlichkeit aus verletztem Stolz und nicht erwidernder Liebe. Der bedrängte unbeherrschte Onkel trifft seinen Kontrahenten so heftig und unglücklich, dass der an den Folgen stirbt. Nun kennt der Staat keinen Pardon mehr. Bodo wird wegen Totschlag zur Zwangsarbeit verurteilt. Er kommt nach Oberschlesien ins Kohlebergwerk.

Dort ist er dann bald an Ruhr erkrankt und gestorben, wie kurz und amtlich von der Justizbehörde mitgeteilt wird. Der Tod ihres geliebten unglücklichen Bruders ist ein schwerer Schlag für Mutter. Trotz allem, was man ihrem Bruder nachsagt, hat sie doch immer an das Gute in Ihm geglaubt und zu ihm gestanden. Er sicher auch zu seiner kleinen Schwester.

Nun ist sie in der Familie auf sich allein gestellt. Denn ihr Vater wird ja von seiner zweiten Frau beherrscht. Es kommt zu Vorwürfen und Beschuldigungen. Die Atmosphäre ist vergiftet. Deshalb versucht sie, sich ganz von zu Hause zu lösen und allein auf eigenen Beinen zu stehen. Nach der Episode auf dem Bauernhof, beginnt sie eine Lehre als Verkäuferin in einer Buchhandlung. Die Chefin, schätzt das junge Mädchen, das häufig von älteren Kunden Theaterkarten geschenkt bekommt oder zum Essen eingeladen wird.

Ein Wermutstropfen allerdings sind aufdringliche Herren, die nicht davor zurückschrecken, sich demonstrativ gerade von der jüngsten angehenden

Verkäuferin erotische Literatur zeigen zu lassen. Der Handel damit ist zwar offiziell verboten, geschieht aber trotzdem unter dem Ladentisch. Mancher prescht noch weiter vor und möchte sich mit Mutter verabreden. Sie aber macht sich damals nicht viel aus Männern, sagt sie dem Kind und scheint diese Annäherungsversuche nur plump und unangenehm zu finden. Vielleicht hat diese ablehnende Reaktion auf die Versuche der Männer, mit dem jungen, sicher auch naiv wirkenden Mädchen anzubändeln, auch noch etwas mit einer anderen Erfahrung zu tun.

Zu Beginn der Hitlerzeit kommt Mutter nach Farmsen. Das ist die kurze Bezeichnung für ein Hamburger Arbeitshaus für junge Mädchen und Frauen, denen man eine Gefährdung durch Prostitution unterstellt. Unter dem Einfluss der Stiefmutter soll ihr Vater für die behördliche Einweisung gesorgt haben. Mutter sagt dem Kind verbittert: „Mein fauler Vater hat mich ins Arbeitshaus stecken lassen, weil ich ihn ernähren sollte." Sie ist aber wohl wirklich längere Zeit ohne Arbeit und führt zusammen mit einer Freundin ein eher lockeres ungebundenes Leben. Während ihres Aufenthaltes dort findet wohl ein Fluchtversuch einiger Frauen statt, worin Mutter verwickelt gewesen sein soll. Sie knoten mehrere Bettlaken zu einem Seil zusammen, mit dem sie sich nachts aus dem unvergitterten Fenster ihres Schlafsaals in den Garten herablassen wollen. Leider vereitelt eine Aufseherin diesen ziemlich unüberlegten Plan. Die kleine Gruppe der zur Flucht bereiten Frauen wird schon festgenommen, bevor sie sich aus dem Fenster des Schlafsaals in den Garten herablassen können. Mutter kommt als Mitbeteiligte für zehn Tage in eine Einzelzelle mit Wasser und Brot, wie sie sagt. Die Angst vor einer erneuten Einweisung zum angeblichen Selbstschutz in so eine Besserungseinrichtung hat dann vielleicht auch dafür gesorgt, den Kontakt zu Männern möglichst einzuschränken. Denn bei vielen Bekanntschaften mit dem anderen Geschlecht kommen die Frauen leichter in Verdacht, sich für Geld hinzugeben.

Nun scheint sie stärker auf Frauen zuzugehen und mehr deren Nähe zu suchen. Begriffe wie Homosexualität, Perversion und Prostitution kommen Mutter leicht über die Lippen. Sie spricht zu mir, dem Kind, sehr offen darüber. Nach solchen Aufklärungsgesprächen, die im Ton warnender Ermahnung gehalten sind, habe ich das Gefühl, dass ich privilegiert bin und mehr als andere Kinder in meinem Alter über diese Dinge Bescheid weiß. Doch es belastet mich auch, weil sie es so erzählt, als müsse man sich im Leben ständig davor in Acht nehmen.

Auf dieser Odyssee, die in Walsum beginnt und in Hamburg endet, lerne ich auch ihre ehemalige Freundin Mimi kennen.

Eines Tages stehen wir vor ihrer Wohnungstür. Die kräftige Frau mit den schwarzen Haaren ist noch nicht angezogen. Sie öffnet im seidenen Morgenrock. Erst erkennt sie Mutter nicht. Dann aber ist sie herzlich und freut sich über unser plötzliches Aufkreuzen. Die interessantes Sache in ihrer, durch Möbel überladenen Wohnung, ist für mich der Käfig mit einem sprechenden Papagei. Der sagt immerzu: „Lora, lieb" oder ähnliches dummes Zeug, was diese Vögel nachplappern.

Mimi ist ein herberer Typ als Mutter. Sie hat ein großporiges vom Auf und Ab des Lebens gezeichnetes Gesicht, wie man es manchmal bei Leuten findet, die gerne ins Glas schauen. Sie ist wohl in Mutters Alter, wirkt aber wie jemand der weiß, was man im Leben tun muss, „damit man nicht draufzahlt", wie sie sagt. Die beiden Frauen sprechen über vergangene Zeiten. Das heißt über die Jahre, die zwischen ihrem Abschied und dem jetzigen Wiedersehen liegen. Die Freundin ist geschieden. Wohl schon zum zweiten oder dritten Mal. Doch nie ist sie so glücklich wie jetzt gewesen, wo sie allein lebt, erzählt sie.

Mutter berichtet ihre Geschichte mit Vater. Dass sie ebenfalls vorhat, sich von ihm zu trennen, weil er zu viel trinkt, sie im Suff schlägt, und dass sie keine Lust mehr hat, auf dem Schiff mitzufahren. Mimi versteht Mutter und macht ihr zur Trennung Mut. Sagt, dass es sich nicht lohnt, über Männer traurig zu sein. „Nur schade, dass du den Jungen hast", fügt sie hinzu. Ich habe bisher still zugehört und auf den Papagei mit seinen Flügeln geachtet, der immer wieder gedankenlos von seinem Liebsein plappert. Jetzt spüre ich, dass meine Ohren sich erhitzen und weiß, dass sie ebenfalls rot sind. Was meint diese Frau damit, dass es schade ist, dass Mutter mich hat? Sie hat mich doch lieb. Ich gehöre doch zu ihr. Auch ich hab sie lieb. Und ich denke plötzlich an den Umbau des Bodo-Schiffes, an das Feuer auf der Werft, an meine Todesangst damals. Sie tröstete mich und alles war wieder gut. Ich brauche Mutter. Aber ich glaube auch, dass sie mich gern bei sich hat. Würde sie mir sonst so viel erzählen? Es ist nicht schade, dass sie mich hat. Wir gehören zusammen. Ich hasse diese Frau mit ihren Schaufelhänden und ihrem Männerlachen.

Später erzählt Mutter, dass Mimi sterilisiert ist und keine Kinder mehr bekommen kann. „Vielleicht ist sie neidisch auf mich, weil ich dich habe", sagt Mutter und drückt mich und sagt, dass sie froh ist, mich zu haben. „Ja", sage ich. „Ich auch. Ich bin auch froh." Ich drücke ihre Hand mit den abgekauten Fingernägeln und vom vielen Zigarettenrauchen gelblichen Stellen an deren Kuppen.

Nachdem wir uns von Mimi verabschiedet haben, erzählt Mutter von ihrer früheren Zeit mit dieser Frau. Zu ihr ist sie als junges Mädchen- wohl schon in der Zeit als Verkäuferin – in die Wohnung am Großneumarkt gezogen. Es sind gute gemeinsame Jahre, die die beiden Frauen dort verbringen. Häufig gehen sie tanzen und ins Theater. Mimi ist erfahrener im Umgang mit Männern. Das gefällt Mutter. Sie hat ihrer Freundin manches an Lebenserfahrung zu verdanken.

Bestärkt durch den Rat dieser früheren Vertrauten sucht Mutter nun einen Rechtsanwalt auf. Wir besuchen ihn in seiner Kanzlei in der Schanzenstraße, nicht weit vom Schulterblatt, wo sie schon als Kind mit Freundinnen oder allein oft durch die Straßen geschlendert ist. Mutter erzählt ihre Geschichte von Vater fast genauso wie sie sie Mimi erzählt hat Der Anwalt diktiert einen Brief an ihn. Darin drückt Mutter ihren Scheidungswille aus und die Absicht, nicht mehr auf das Bodo-Schiff zurückzukehren. Als Scheidungsgrund wird neben Vaters Gewalttätigkeit noch aufgeführt, dass der gemeinsame Sohn Bodo nicht zur Schule gehen kann, da keine Wohnung an Land vorhanden ist. Deshalb wird Vater aufgefordert, Unterhalt für Mutter und mich zu zahlen, so dass sie in der Lage ist, eine Wohnung an Land anzumieten. Damit ist der erste Schritt zu Mutters Unabhängigkeit von Vater und zur Scheidung getan.

Wo wir in dieser Zeit untergekommen sind, weiß ich nicht mehr. Entweder wohnen wir noch in Blankenese im Hotel oder sind schon bei der zweiten Mutter und ihrem Guttempler einquartiert. Jedenfalls sind die ehemals 4000 Mark merklich weniger geworden. Kein Wunder: Wir essen jeden Tag im Restaurant, kaufen neue Sachen und Schuhe, machen Ausflüge in die Umgebung Hamburgs, wie Friedrichsruh und den Sachsenwald.

Es sind bisher schöne, aber ziemlich teure Wochen gewesen. So ist es nicht verwunderlich, dass Mutter sich irgendwann Gedanken über unsere Lebenssituation macht und danach nervös ist. Das merke ich daran, dass sie plötzlich ohne Grund losschimpft und auf mich wütend ist. Sie erklärt, dass ich sie belaste, dass ich für sie nur ein Klotz am Bein bin. Plötzlich rennt sie einfach weg und lässt mich allein auf der Straße stehen. Dann muss ich schnell hinter ihr herrennen und zusehen, dass ich sie nicht aus den Augen verliere zwischen den vielen Menschen auf der Reeperbahn oder Mönckebergstraße.

Schließlich sucht sie einen Neurologen auf. Ihre Medikamente für die Nerven sind alle. Der Arzt stellt alles Mögliche mit ihr an. Das Abklopfen der Beine und Knie mit einem Metallhammer ist für mich eindrucksvoll. Er verschreibt ihr ein psychopharmazeutisches Medikament, das sie allerdings gleich wieder absetzt, weil sie davon Kreislaufstörungen bekommt, wie sie glaubt. Ich sehe sie nie zusammenbrechen. Aber sie weist oft, besonders bei Dingen, die ihr unangenehm sind, auf ihren labilen Kreislauf hin. Wie sie behauptet, ist der Grund dafür eine chronische Herzmuskelschwäche. Außerdem klagt sie auch über Asthma und bekommt plötzlich Erstickungsanfälle. Um hier vorzubeugen, nimmt sie häufig größere Mengen an Asthmamitteln ein. Es gehört zum Ritual, dass ich Mutter auf unserem Trip manchmal frage: „Hast du eigentlich schon deine Tabletten genommen?" Meistens bejaht sie das. Wenn sie nicht daran gedacht hat, stellt sie sich demonstrativ hin und gießt sich aus einem kleinen Glasröhrchen eine ganze Batterie der entsprechenden Tabletten in den Mund, dankbar, dass ich sie erinnert habe. Nach diesem medizinischen Stoß geht es ihr sofort besser. Auch wenn der Zeitpunkt für die Wirkung noch gar nicht so schnell erreicht sein kann. Für mich als kindlicher Begleiter bleibt bei dieser Geschichte immer auch ein Stück Angst.

Was wohl passiert, wenn sie die Tabletten wirklich mal vergisst oder keine gekauft hat. „Nicht auszudenken!", sagt mein kindlicher Verstand. Es ist weniger die Angst um Mutter als die Frage, was wird aus mir, wenn sie plötzlich hier in dieser großen Stadt auf der Straße zusammenbricht. „Komisch, dass sie sich darüber gar keine Sorgen macht", denke ich und mache ihr innerlich einen Vorwurf. Wenn ich ihr als Kind wirklich was bedeute, müsste sie dann nicht selbst auf ihr Wohlergehen bedacht sein und nicht sorglos in den Tag hineinleben und darauf warten, dass ihr Sohn seine Mutter an ihre Tabletten erinnert? Aber die Wirklichkeit sieht eben anders aus. Ebengerade so. Sie ist manchmal wie ein unvernünftiges Kind, diese Frau. Für das ich, das vernünftige Kind, die Verantwortung trage. Erst einmal für sie und dann auch noch für mich selbst. Letzten Endes stehe ich allein mit uns beiden da.

Bald ist unser Geld bis auf einen kleinen Rest verbraucht. Mutter findet aber nicht, dass das Auswirkungen irgendwelcher Art auf unsere Situation hat. Auf keinen Fall will sie zu ihrem Mann auf das Bodo-Schiff zurück. Sie macht aber auch keine Anstalten, eine billige Wohnung für uns zu suchen und für sich eine Arbeit, wo sie Geld verdient. Wie lange die ziellosen Wege in Hamburg mit dem schönen Anfang in Blankenese damals dauern, habe ich vergessen. Es kommt mir lange vor. Was aber wohl damit zusammenhängt, dass Kindern Zeiträume länger als den Erwachsenen erscheinen. Es sind wahrscheinlich zwei, höchstens drei Monate gewesen, in denen sich natürlich auch 4000 Mark einfach verbrauchen, wenn nichts wieder dazu kommt.

Wie schon erwähnt, wohnen wir nach dem malerischen Blankeneser Hotel bei Mutters Stiefmutter und deren Mann in Eimsbüttel in einer nicht ganz trockenen von Schimmelpilz befallenen Kellerwohnung. Dort bleiben wir sicher auch einige Wochen.

Tagsüber sind wir viel unterwegs und stromern durch die Stadt und ihre Umgebung zu den Plätzen und Menschen, die meiner Mutter einmal etwas bedeutet haben. Meistens zu Fuß über viele Kilometer und nicht immer ohne Hunger, was für einen noch nicht Sechsjährigen auch nicht ganz einfach ist. Abends kehren wir zur tristen Bürgerlichkeit in die Kellerwohnung zu den alten Leuten zurück. Essen manchmal mit den beiden zusammen oder versorgen uns selbst mit Bücklingen, Frikadellen, Kartoffelsalat und ähnlichem. Mutter und ich schlafen im Wohnzimmer auf der Couch. Haben also das Zimmer erst für uns, wenn Oma und Opa im Schlafzimmer verschwunden sind. Was immer ziemlich lange dauert bis es soweit ist. Unsere längere Anwesenheit ist für die betagten Verwandten natürlich auch eine Belastung.

So ist das Maß schließlich voll, als Mutter ihnen eröffnet, dass sie nun kein Geld mehr habe und beiläufig um weitere Unterstützung nachsucht. „Mein Sohn und ich müssen ja irgendwas essen", fügt sie erklärend hinzu. Oma Eggers appelliert an Mutters Verantwortungsgefühl. Was sie sich denn nun eigentlich dabei denkt, mit einem bald schulpflichtigen Kind einfach so durch die Gegend zu ziehen und herum zu lungern. Alles Geld auszugeben und sich keine Gedanken darüber zu machen, was weiter sein wird. Sie, Oma Eggers, habe ja auch mit ihrem Mann, der aus gesundheitlichen Gründen nicht mehr arbeiten kann, nur eine kleine Rente. Mutters Ehemann allerdings sei ja wohl sogar selbstständig und hat ein Schiff. Der muss doch für seine Familie sorgen können. Sie haben uns gern einige Zeit bei sich unterkommen lassen. Aber irgendwann geht es auch über ihre Kräfte. Außerdem, wenn Mutter kein Geld hat, dann muss sie eben zur Fürsorge gehen. Die werden ihr schon was geben und den Ehemann benachrichtigen. Das waren deutliche Worte. Es ist alles schrecklich peinlich für mich. Doch ich muss als Mutters Anhängsel diese Auseinandersetzung auch mit durchstehen. Mutter findet das alles allerdings überhaupt nicht schlimm. Das sei wieder typisch für ihre zweite Mutter. Die ist eben lieblos und geizig. Wie kann man über so eine Sache wie eine Unterstützung von Angehörigen so ein Theater machen. Sie wäre ja auch mit einem kleinen Betrag von fünf Mark am Tag zufrieden gewesen.

So gehen wir mit Krach aus der Kellerwohnung Mutter beschimpft Margarete Eggers in ziemlich unfreundlicher Weise. Rückwirkend macht sie diese Frau auch noch für den Tod des Vaters verantwortlich, der vor fünf Jahren an Schilddrüsenkrebs gestorben ist. „Er ist elendig krepiert, während du dich mit anderen Männern vergnügt hast", schreit sie ihrer Stiefmutter an der Haustür nach, die von der erbosten Oma nur noch zugeknallt wird.

Wir sehen die zweite Mutter und ihren Mann nie wieder. „Sie ist eine richtige böse Stiefmutter wie bei Schneewittchen", findet Mutter. Ich schließe mich ihrer Meinung an. Glaube aber insgeheim, dass man sie lieber doch nicht hätte anpumpen sollen.

Nun haben wir kein Geld, keine Bleibe und wissen nicht wo wir hin sollen. Mutter kennt sich gut in Hamburg aus. Also laufen wir den ganzen Tag herum. Abends gehen wir dann dorthin, wo lange was los ist, und das ist St. Pauli und die Reeperbahn. Dort strömen auch damals schon die Menschen zusammen, um was zu erleben und ihren grauen Alltag zu vergessen. Auf Kinder achtet die Polizei, wenn es spät ist. „Was wollen die denn hier? Treiben die sich etwa herum?" So bleib ich ganz dicht an Mutters Rockzipfel, als wir an Vergnügungslokalen vorbeikommen, wo Türsteher, manchmal handgreiflich und direkt auf die Passanten zugehen, um sie in das Etablissement zu locken. Wir haben morgens bei den Eggers zuletzt was gegessen. Also ziemlich großen Hunger und müssen nun endlich was futtern. Aber Mutter hat nur noch einige Groschen und Pfennige im Portemonnaie. Das reicht nicht für Essen, auch wenn es nur Suppe oder Bockwurst ist. Nun ist guter Rat teuer.

Mutter hat eine Idee. „Bleib mal hier vor der Tür stehen", sagt sie zu mir. Husch, ist sie durch eine

Ladentür verschwunden. Dort stehen hinter den Fenstern zahlreiche Spielautomaten an den Wänden. Vor den mit einem Hebel an der Seite des Apparats in Bewegung gesetzten sich drehenden Scheiben hocken meist rauchende nervöse Leute. Sie lachen, wenn es bei Gewinnen klimpert. Sie saugen mürrisch an ihrer Kippe, wenn das metallene Scheppern längere Zeit ausbleibt. Es sind nur Männer, die hier in der Spielhalle ihr Glück versuchen. Mutter hat also die Idee sich unser Essen durch Glücksspiel zu verdienen. Sie kennt sich mit einarmigen Banditen aus. Denn wenn wir Vater aus den Kneipen holten, hatte sie dort manches Mal gedaddelt und auch die eine oder andere Mark gewonnen.

Dass Problem ist nur, dass Kinder und Jugendliche unter achtzehn Jahren nicht in die Spielhalle rein dürfen. Schon gar nicht ein Fünfjähriger. Also warte ich vor der Tür bis Mutter gewonnen hat und wieder rauskommt. Das ist ein ziemlicher Stress. Denn in der Nähe befindet sich das Polizeirevier Davidswache. Da stehen vor dem Eingang ständig ein paar Polizisten herum. Wieder und wieder gehe ich auf dem Bürgersteig auf und ab, so unauffällig wie möglich. Vertraue mich für einige Meter dem Strom der Vergnügungssuchenden an. Versuche wie ein Verlorener in dieser Masse von Menschen, die mich alle um Kopflängen überragen, die Richtung zu wechseln. Gehe dabei dicht hinter ihnen her, damit man denkt, dass ich dazu gehöre. Drehe dann aber schnell wieder um und eile zum Automatensalon zurück, um durch die Fensterscheibe zu gucken, ob Mutter überhaupt noch da ist. Sie kriegt ja manchmal ihren Rappel und läuft einfach weg. Als ich ihr Kopftuch vor einem rot und weiß blinkenden Automaten entdecke, fällt mir ein Stein vom Herzen. Mutter hat ein angespanntes, aber frohes Gesicht. Für sie ist das Leben nun interessant. Sie ist voller Erwartung, dass sie gewinnt. Ich dagegen bin nur darauf bedacht, nicht von der Polizei aufgegriffen zu werden. Dann kommt Mutter endlich heraus, und die Freude ist groß. In der Hand hält sie einige Markstücke und ein paar Groschen, die sie mir überglücklich präsentiert. Sie hat gewonnen! Nun können wir endlich was essen.

Wir kehren gleich nebenan in einen der zahlreichen Imbisse ein. Der ist ziemlich voll. „Na Jung", sagt jemand. „Musst du nicht ins Bett? Kannst deine Augen ja kaum noch aufhalten. Na Moder, was machst du denn hier noch so spät mit solch Lütten? Der gehört zu Bett." Halb Spaß, halb Ernst. Wie solche Schnacks eben sind. Ein Spießrutenlaufen. Ich bekomme einen großen Teller Erbsensuppe für 50 Pfennig. Mutter auch. Wir balancieren unsere übervollen Teller auf einen der Stehtische zu. Ich muss den schweren Teller weit hoch heben, um die Tischplatte überhaupt zu erreichen. Mutters Augen leuchten. Das ist ihre Heimat; hier ist sie zu Haus. „Wann gehen wir schlafen, Mama?" Sie schaut mich an, wie aus Träumen erwachend. „Weiß nicht. Wir haben ja keine Bleibe. Für ein Hotelzimmer reicht das bisschen Geld vom Automaten nicht. Es ist zu kalt zum Draußensitzen, wir gehen ein bisschen spazieren. Dann kriegen wir die Zeit bis zum Morgen auch rum." Das tun wir dann auch.

Irgendwann kann ich nicht mehr laufen. Wir setzen uns auf eine Bank am Rande eines Parks in der Nähe des Bismarck-Denkmals. Dort bleiben wir die ganze restliche Nacht. Am Morgen machen wir uns dann zur Fürsorge auf. Mutter erzählt dem Beamten die Geschichte vom trinkenden und schlagenden Heini, vom Bodo-Schiff und ausgegebenen Geld. Von ihrer Absicht, sich scheiden zu lassen, die sie mit dem Kind nach Hamburg geführt hat. „Ich weiß mit meinem Jungen nicht weiter.", sagt Mutter und weint. Auch ich bin von der Nacht draußen auf den Straßen und im Park ziemlich erledigt. Und fühle mich solidarisch mit der Hilflosigkeit der Mutter. Vater wird über die Reederei verständigt. Er soll telegrafisch Geld schicken. Bis das eintrifft, müssen wir warten.

Das Obdachlosenheim Bundesstraße ist bis das Geld kommt unser vorübergehender Aufenthaltsort. Dort müssen wir uns ab 20 Uhr melden. Das ist noch fast ein halber Tag. Ein paar Mark für die notwendige Verpflegung bekommen wir von der Fürsorge.

Nachdem wir auch diesen Tag mit Herumlungern und Sitzen auf diversen Parkbänken zugebracht haben, finden wir uns abends abgekämpft und müde im Heim ein.

Ein Haus in einem Komplex von kasernenartigen Gebäuden, die aus der Zeit Kaiser Wilhelms stammen. Vor dem Eingang eine lange Schlange. Mehr oder weniger heruntergekommene Leute. Aus der Bahn geworfene Trinker oder sonst wie in den Strudeln des Lebensflusses Untergegangene.
Nur wenige Frauen und gar keine Kinder. Was mein Unwohlsein steigert. Ich halte Mutters Hand ängstlich fest. Um eingelassen zu werden, müssen wir den Empfehlungsschein vom Amt vorzeigen.
Zwei Personen, einmal Schlafen, Stempel mit dem Hamburger Wappen, Krickelunterschrift des Beamten. Einige haben keinen amtlichen Zettel und warten trotzdem. Sie werden abgewiesen: „Ihr seht doch, wir sind voll. Vielleicht morgen. Aber ihr müsst euch auf jeden Fall einen Schein besorgen." Gemurmel, Unverständnis. Dann ziehen sie ab. Der Sternschanzenpark ist nicht weit und hat Platz genug. Mutter und ich dürfen in den Speisesaal. Dort gibt es Suppe und Muckefuck. Danach geht es zum Schlafen. Ein länglicher Saal mit lauter Doppelbetten. Sie haben weder Bettzeug noch Matratzen. Man liegt auf Drahtgittern. Wegen des Ungeziefers. Wer will kann aber eine desinfizierte Wolldecke bekommen. Schlafen wie im Wartesaal.

Man zieht sich nicht aus. Männer und Frauen brauchen auch deshalb nicht getrennt zu werden. Bald schlafen die meisten vor Erschöpfung. Schnarchen erfüllt den Raum. Es riecht nach billigem Fusel und zu lange am Körper belassenen Schweiß. Eine Notbeleuchtung erhellt das Asyl. Wir haben gewiss nicht die ganze Nacht dort zugebracht. Sind sicher schon um drei oder vier Uhr wieder raus und atmen tief die frische Luft des erwachenden Morgens. Wie schön es hier draußen ist!

Als wir wieder beim Fürsorgeamt vorsprechen, ist das Telegramm von Vater da. Er liegt mit dem Bodo-Schiff im Braunschweiger Hafen. Man hat ihn durch die Wasserschutzpolizei benachrichtigt. Wir bekommen einen Gutschein für den Zug und ein bisschen Geld für Reiseproviant. Dann machen wir uns auf den Weg zum Hauptbahnhof.

In Braunschweig holt uns Vater von der Bahn ab. „Ihr macht aber auch Sachen", sagt er in seiner wortkargen Art. Dann sind Mutter und ich wieder auf dem Bodo-Schiff, als wären wir nie weg gewesen. Wir haben wieder feste Planken unter den Füßen. Von Scheidung ist seitdem nicht mehr die Rede.

Danziger Goldwasser

Wenn das Bodo-Schiff längere Zeit unterwegs ist, ist es für Mutter und Sohn in der Kajüte langweilig. Vater hat im Steuerhaus zu tun. Er muss aufpassen, dass sein Fahrzeug annähernd in der Mitte der vorgeschriebenen Fahrrinne bleibt, ohne andere Schiffe zu behindern. Der Bootsmann ist an Deck, im Maschinenraum oder ebenfalls im Ruderhaus. Glücklicher Weise haben wir auf dieser Reise einen Lotsen an Bord. Was nicht selbstverständlich ist, denn Arbeitskräfte verursachen auch damals schon eine ganze Menge Kosten. Außerdem ist das Frachtgeld manchmal nicht so hoch, dass man damit große Sprünge machen kann. Aber mit einem zweiten Mann dabei, können Mutter und ich während der Fahrt auf dem Rhein in der Kajüte bleiben, und es besteht weniger Gefahr für mich ins Wasser zu fallen. Das Bodo-Schiff liegt auf dieser längeren Reise tief bis zum Rand der Pegelmarkierung im Wasser. Das heißt, es ist schwer beladen. Die Strömung ist stark auf diesem Abschnitt des Flusses.

Ich schaue zum Zeitvertreib durch die Bullaugen. Sie sind für das Kind, das sich oft während der Fahrt drinnen aufhalten muss, Fenster zur Außenwelt. Es ist nicht ganz wie beim Fernsehapparat. Der Ausschnitt des Sehens ist zwar wie bei ihm verengt, dafür aber sieht man ständig in Echtzeit die Außenwelt vorbeiziehen. Eine noch bessere Abwechslung bietet das Proviantboot, das gleich nach der deutsch-holländischen Grenze zum zollfreien Einkauf längsseits kommt, Pakete mit Schokolade, Likör und Zigaretten sind vom findigen Händler schon zu kleinen Stapeln geschichtet. So geht der Verkauf zügiger vonstatten. Und der schwimmende Proviantmann kann auf dieser Strecke viele Binnenschiffer auf ihren fahrenden Kähnen zufrieden stellen.

Für Mutter und mich ist es wie Weihnachten, wenn wir das Naschpaket öffnen. Ich versuche, mir Stücke von der überdicken Vollmilchschokolade abzubrechen. Was gar nicht so einfach ist. Mutter macht sich über das Danziger Goldwasser her. Ein Likör, in dem kleine goldene Teilchen schwimmen, die wie Sterne aussehen. Sie erinnern mich an die Schneeflocken in den kleinen Glasgefäßen, die durch Schütteln ihre weiße Pracht über eine Miniaturlandschaft ausbreiten. Eine größere Stadt mit Häusern und Kirchen zieht als Panorama am Bullauge vorbei, während Mutter immer fröhlicher und beschwingter, die Flasche mit den Goldsternen allerdings immer leerer wird. Ich lege schon bald die Schokolade aus der Hand. Die Stücke sind für meinen Kindermund viel zu gewaltig. Außerdem macht mir die plötzliche Heiterkeit meiner Mutter zusehends mehr zu schaffen. Sie sucht im Radio, aus dem bei der Fahrt nur Rauschen und Stimmengewirr kommt, vergeblich nach einem bleibenden Sender mit Musik. Schwankt mehr durch die Kajüte als sie sich bei den schaukelnden Bewegungen des Schiffes erlauben kann. Beginnt mit rötlich anlaufendem Gesicht undeutlicher zu sprechen. Stößt überall an. Was beim heißen Küchenherd, auf dem ein Wasserkessel für Kaffee oder Tee steht, für sie gefährlich werden kann.

Ich brauche Vaters Rat, weil Mutters Ausgelassenheit mir allmählich zu bunt wird. Dafür aber muss ich an Deck und mich ein Stück an der durch Flusswasser benetzten Reling längs hangeln, um zum Steuerhaus zu gelangen. Während der Fahrt draußen herumzulaufen, ist mir aber strengsten verboten worden. Verständlicherweise. Die Eltern haben Angst, dass ich ins Wasser falle und von der Strömung erfasst und mitgerissen werde, wobei eine Rettung dabei fast aussichtslos ist. Vor allem, wenn man gar nicht schwimmen kann. So versuche ich Mutter erst einmal allein zu überzeugen, vernünftig zu sein. Ihre Fähigkeit zur Einsicht aber hat unter dem hochprozentigen Alkoholgehalt des Goldwassers stark gelitten, Sodass ich kaum etwas damit erreichen kann, meine Mutter zu einem mütterlichen Normalverhalten zu bewegen.

Das Bodo-Schiff verlässt bald darauf den unruhigen Vater Rhein und passiert eine Schleuse. Abends liegt es dann irgendwo in einem holländischen Hafen und Mutters Rausch ist so ziemlich verflogen. Vater will noch mal los. „Zum Bier testen." Mutter und der Junge gehen mit. Vater sagt nicht gern Bodo. Ich kann mich nicht erinnern, dass er es überhaupt jemals zu mir gesagt hat. Er sagt immer nur: Der Junge. Auch jetzt: „Komm, wir gehen noch mal zum Bier in eine Kneipe, lass den Jungen doch mitkommen."

So sitzen die beiden dann an der Theke und ich zwischen ihnen mit einer Limonade und kaue auf einer Salami herum, weil ich nicht zum Essen gekommen bin. „Du Nazi, du." Sagt plötzlich einer. Vater schaut überrascht: „Was sagst du da? Beleidigen willst du uns? Wir haben keine Angst. Wir Deutschen fürchten Gott und sonst nichts auf der Welt, musst du wissen, wenn du mit mir Streit anfängst." Das ist zu viel. Auch wenn vielleicht nicht alles verstanden wird, aber der Ton macht die Musik. Und der ist rau. Der Wortführer an der Theke kommt auf Vater zu und zieht ihn an beiden Ohrläppchen vom Stuhl hoch. Das tut ziemlich weh. Die Haut in der Nähe der Ohren beginnt zu reißen und zu bluten. Vater richtet sich auf. Umklammert mit beiden Händen die Gelenke des Angreifers und stößt ihn mit Wucht von sich. Dann sagt er drohend: „Hast du schon mal mit 'nem Bären gerungen, Kamerad?" Hatte der natürlich noch nicht. Vater stößt den schmächtigeren Mann mit einem kräftigen Druck gegen die Brust ein weiteres Mal von sich. Er fällt gegen die Barhocker. Andere Gäste werden nun ebenfalls laut und springen auf. Der Wirt macht uns in gebrochenem Deutsch und mit Gesten klar, dass wir in seinem

Lokal, dessen Klientel hauptsächlich aus holländischen Schiffern und Arbeitern besteht, unerwünscht sind, und dass wir die Lokalität schnellsten zu verlassen haben. Das tun Vater und Mutter dann auch. Ich bin enttäuscht, dass auch der Abend an Land sich schlecht entwickelt hat, nachdem der Nachmittag in der Kajüte schon nicht gut war. Aber langweilig ist er wenigstens nicht gewesen. Am nächsten Morgen fahren wir weiter nach Rotterdam, um unsere Fracht zu löschen.

Schiffsjunge Alfred

An der Spree zwischen Spandau und der Charlottenburger Schleuse steht ein weißes Haus. Das Elternhaus von Alfred. Wenn wir mit dem Schiff vorbeikommen, steht sein Vater schon vor der Tür und winkt. Wir tuten dann ein-, zweimal und fahren langsamer. Später, als Alfred nicht mehr bei uns arbeitet, steht er selbst etliche Male da. Irgendwann nicht mehr. Irgendwann ist auch das Haus verschwunden und der Platz wird anders genutzt. Das Haus ist nur ein Behelfsheim, wie so viele, die in den Nachkriegsjahren an Berlins Stadtrand gebaut werden. Sie müssen bald mit dem Wirtschaftswunder anderen, nutzbringenderen Bauten weichen. Auch die Menschen ziehen weg. In die großen Siedlungen. Vielleicht in eine der neugebauten Sozialwohnungen. So wohl auch Alfred.

Doch angefangen seinen eigenen Weg in das Leben zu gehen, hat er bei uns auf dem Schiff. Damals in den Jahren, als man noch nicht so recht weiß, was wird. Er bezieht die winzige Kajüte vorn bei der Ankerwinde. Was heißt bezieht? Er stellt einfach dort eine Tasche mit ein paar Sachen hin. Tisch, Stuhl und Koje sind ja vorhanden. Auch eine Petroleumlampe gibt es, sowie eine Emaileschüssel für Händewaschen und Körperpflege. Damit muss er zufrieden sein. Er wird von Vater angelernt. Wenn wir in die Schleusen fahren, steht er mit dem Draht in der Hand am Steven und wartet auf Anweisungen aus dem Steuerhaus. „Festmachen!" Oder „Losmachen"! Während der Fahrt ist er selbst dort und löst Vater am Steuer ab. Manövrieren darf er das Schiff nicht, das bleibt Vaters Sache als Kapitän. Im vier Stunden Takt schmiert er die Maschine. Im Sommer bei schönem Wetter führt er kleine Streicharbeiten an Deck aus. Wenn absolut nichts zu tun ist, darf er seine Kajüte aufräumen oder sich selbst was zu Mittag kochen. In der Regel bekommt er das Mittagessen von uns. Wir essen viel Eintopf. Auch mal Kotelett oder Schnitzel, Spiegeleier und immer reichlich Kartoffeln, die wir alle gern mögen, besonders aber Vater. Der erzählt, dass er als junger Mann an manchen Tagen allein fünf Pfund Kartoffeln und zehn Eier verputzt hat. Das sei rein gar nichts gewesen. Er arbeitet ja auch körperlich schwer. Das Wichtigste im Leben für Vater ist, satt zu werden beim Essen Das gönnt er auch jeden anderen. Sogar seinem ärgsten Feind.

Einmal ist Alfred ein Hund zugelaufen. Eine kleine schwarz-weiße Promenadenmischung. Wir nehmen ihn mit auf das Schiff. Dort rennt er an der Reling hin und her und bellt anderen Schiffen nach. Für ihn ist Alfred allein zuständig. Das Tier schläft auch bei ihm in der Kajüte und hat dort seine Näpfe mit Futter und Wasser. Mutter und ich haben Angst vor Hunden. Dieser Hund heißt so, wie viele Artgenossen: Struppi, Putzi, Bello oder so. Als wir in Berlin ankommen, bringt Alfred ihn zu seinen Eltern in das weiße Haus an der Spree. Immer wenn wir nun vorbeifahren, steht auch Struppi neben Vater Rosenke vor der Tür. Er läuft, wenn er das Schiff sieht, ein Stück am Ufer längs und bellt Freudenlaute.

Als er bei Vater anfängt, ist Alfred vielleicht sechzehn. Er bekommt nicht viel Geld. Kost und Logis sind ja frei. Wenn er mal an Land zum Tanzen oder ins Kino will, fragt er: „Schiffer, kann ich etwas Geld haben?" „Wo willst denn hin, Alfred? Wir müssen morgen früh los." „Nur mal so auf 'nem Bier. Ich bleib auch nicht lange, Schiffer." „Na, hier haste fünf Mark. Komm, unterschreib noch." Es gibt ein kleines Oktavheft, da steht drin, was Alfred an Geld bekommt. Lange Reihen von fünf Mark, über Monate verteilt. „Na, denn man viel Spaß." „Danke, Schiffer." Alfred riecht an solchen Abenden nach billiger Seife. Seine schwieligen Hände sind rot geschruppt. Bald schon ist er wieder an Bord und legt sich schlafen. Er ist solide. Morgens dann um fünf, geht es wieder los. Langes Waschen, Frühstücken und Rumtun ist nicht drin. Das Privileg, auf dem Schiff lange zu schlafen, haben nur Mutter und ich. Wir stehen erst gegen neun oder zehn auf. Frühstücken ausgiebig und hören, wenn wir einen Sender kriegen, bis Mittag Radio. Dann haben Vater und Alfred schon viel geschafft.

Streit

Ist euch schon mal aufgefallen, dass es viele Eckkneipen in Berlin gibt. Jetzt sind Griechen, Türken,
Italiener, Chinesen, Szenekneipen daraus geworden. In den Jahren, von denen ich erzähle, sind es
noch ganz normale Berliner Eckkneipen. Schult-
heiß, Berliner Kindl, Patzenhofer steht auf den
Reklametafeln.

Wenn du reingehst in das mit Zigaretten-, Zigar-
ren- und Pfeifenqualm erfüllte Lokal, siehst du an
der Theke meistens nur viele graue Rücken. Vor-
wiegend von Männern. Frauen gehen damals noch
seltener in die Kneipe. Es sei denn, sie sind vom
Alkohol abhängig oder sonst wie abgerutscht. Wirt
und Wirtin wechseln sich meistens bei der Be-
schäftigung mit den Gästen ab. Sie drehen immer
wieder den Zapfhahn auf und zu oder spülen mit
wichtiger Miene Gläser. Wobei sie gleichzeitig,
zuhören, sprechen und arbeiten können. Es entsteht durch sie eine Art Thekenharmonie auch bei
unterschiedlichsten Temperamenten der Gäste.
Wie bei Dirigenten, die einen Chor ungleicher
Stimmen zum Klingen bringen können. Zwischendurch geht der Eine oder Andere mal zum Daddel-
automaten. Dieser einarmige Bandit schluckt auf
Dauer mehr Groschen, Fünfziger und Markstücke
als er ausspuckt. Das ist egal. Es zählt die Chance
zu gewinnen und die Möglichkeit, Zeit auf pri-
ckelnde Weise zu verplempern. Es zählt die Illusi-
on, anderen Menschen nahe zu sein. Sich berüh-

ren zu lassen von den Bruchstücken ihrer Lebens-
geschichten. Und den Versuch zu wagen, selbst zu
berühren. Mit den Andeutungen von Sorgen, Nö-
ten und Freuden des eigenen Lebens.

Vater ist gern in solchen Kneipen. Trifft auch immer wieder Leute, mit denen er hingehen kann.
Und sucht, obwohl sonst mehr ein stillerer, in sich
gekehrter Eigenbrötler, gern das Gespräch an der
Theke, wenn der Alkohol die Zunge gelockert hat.
Wenn alle Stricke der Kontaktaufnahme reißen,
schmeißt er eine Lokalrunde. Dagegen können
sich die wenigsten wehren. Wer sich aber doch
erdreistet, den hat er fortan auf den Kieker. Solch
Banause ist sein erklärter Feind und muss nun
aufpassen, dass er nicht bei der nächst besten
Gelegenheit am Schlafittchen gepackt wird und in
einer herausfordernden Weise den Spruch zu hören bekommt: „Du hast wohl noch nicht mit 'nem
Bären gerungen", wobei mit Bär Vater sich selbst
stark überschätzt. Er ist doch nur ein kleiner, un-
tersetzter Mann. Verfügt allerdings über Hände,
die schon fest zupacken können.

Nach so einem Auftakt gibt es meist Streit mit
Mutter. Die Atmosphäre ist geladen. Vater ist nun
leicht reizbar wie ein Bär und schlägt schon mal
mit der Pranke zu. Zuerst vielleicht nur spielerisch
und herausfordernd. Aber Vorsicht. Aus Spaß wird
bei ihm schnell ernst. Er sucht nach einem Grund,
seiner aufgestauten Wut Luft zu machen: „Du bist

eine Hure. Du willst mich doch nur betrügen. Was siehst du den Mann da immer an? Was willst du von dem?" So fängt es meistens an. Er geht dann auf den Betreffenden los, der zufällig den Blick von Mutter auf sich gezogen hat. Kriegt ihn am Kragen zu fassen und schüttelt ihn. Wenn der Mann kräftiger ist, lässt er es sich nicht gefallen, sondern stößt Vater zurück. Der mit voller Wucht gegen den Tresen fällt. Der Wirt ruft: „Nun ist es aber genug. Jetzt fliegt ihr raus. Heini, du bist voll. Nimm deine kleine Frau und deinen Sohn und geh nach Hause." Der aber lässt sich nicht so leicht rauskomplimentieren: „Nein, einen trinken wir noch." Wirt: „Du hast genug, macht dass ihr nach Hause kommt." Vater gibt nach, er ist ja nur streit-süchtig, wenn er gereizt wird. „Gut, dann gehen wir eben. Aber du hast bei mir verspielt, dass du das man weißt." Er packt Mutter heftig am Arm. Die wiederum zieht mich hinter sich her. Die Tür knallt zu. Wir stehen auf der Straße.

Aber schon bald geht der Streit weiter: „Du bist und bleibst doch eine Hure." Er schlägt sie mit Fäusten. Ich weine, bin aber so eingeschüchtert, dass ich nichts zu sagen wage. Was ist eine Hure? Ein bisschen weiß ich es. Eine schlechte Frau, die neben ihrem Mann noch andere Männer hat. Das ist Mutter doch nicht. Das passt doch gar nicht zu ihr. Warum muss Vater immer trinken? Warum trinkt nun auch Mutter? Sie steigert sich ebenfalls in ihrer Wut. Kontert mit Salven unflätiger Ausdrücke bis er zuschlägt. Dann schreit sie los: „Du bist ein Mörder. Du willst mich ermorden. Ich fürchte mich nur noch vor dir! Hilfe, Hilfe, mein Mann will mich ins Wasser stoßen. Hilfe, mein Mann ist ein Mörder!"

Es ist einsam am Havelufer in Spandau, wo das Bodo-Schiff friedlich liegt. Ich stehe ein paar Meter entfernt. Bin ein Stück weiter von beiden weggegangen. Weiß nicht, was ich tun soll, bin verzweifelt, schäme mich und habe Angst vor diesen mir so fremd gewordenen Menschen, die doch meine Eltern sind.   Dann gehe ich auf Mutter zu, die immer wieder die Fäuste ihres Mannes abwehren muss und reiße sie mit aller meiner Kraft von ihm weg.

Wir laufen beide fort. Der Abstand zu Vater vergrößert sich. Wir rennen, was wir können. Er bleibt zurück, als stolperndes, schimpfendes Etwas. Schließlich ist er nur noch ein schwarzer ungefährlicher Punkt im Dämmerlicht der Laternen, der in die Kajüte wankt, wie ein ermattetes Tier in seine Höhle. Es ist kalt. Wo sollen wir hin? Wir sind ohne Zuhause, obdachlos. Geld hat Mutter nicht. Vater teilt es ihr nur widerwillig und spärlich zu. Oft sind es nur ein paar Mark für Zigaretten.

Die Lichter der Straßenlampen schimmern wie aufgereihte Perlen in der klaren, kalten Nacht. Es ist Frost. Ich spüre nun wie die Kälte durch meine

Kleidung dringt. „Lass uns gehen, damit uns warm wird", sage ich zu Mutter und zieh sie an der Hand weiter.

Wenn es wie immer läuft, ist in einigen Stunden Vaters Wut verflogen und auch Mutter ist wieder wie früher. Wir gehen dann zum Bodo-Schiff zurück, öffnen leise die Tür zur Kajüte und legen uns still in die Betten. Wenn Vater aufwacht, ist er herzensgut und kann sich an nichts mehr erinnern.

Und wieder Streit

Es ist wieder Streit zwischen Vater und Mutter. Zwar sagt man gern: Streit kommt in den besten Familien vor. Doch für Kinder ist Streit nicht schön. Besonders, wenn er zwischen Eltern abläuft. Vater und Mutter sind sehr verschieden. Zwar haben sie sich im Laufe ihrer Ehe in bestimmten Bereichen auch angeglichen. Das schließt aber nicht aus, dass sie doch unterschiedlich zu denken und zu handeln gewohnt sind.

Mutter ist ungefähr vierzig. Trotzdem ist und bleibt sie eine Kindfrau, die stark nach ihren Gefühlen lebt und sich nicht gern durch Verantwortung und Pflicht davon abbringen lässt. Sie lebt in den Tag hinein. Aber vielleicht tue ich ihr auch Unrecht, und sie macht sich sehr wohl Gedanken. Doch das Ergebnis ist dann eher ein negatives. Sie weiß, dass sie mit Vater und seinen Ansprüchen von einer guten Hausfrau und patenten Gefährtin überfordert ist. Dann spürt sie Unzulänglichkeit und Unvermögen, Schuldgefühle gegenüber ihrem Mann und dem Kind. Doch sie scheint unfähig, etwas am eigenen Leben, und damit auch an unserem gemeinsamen zu verändern.

Wie weit hier schon Anfänge und Vorstufen ihrer späteren Krankheit eine Rolle spielen, wer will das sagen. Sie tut jedenfalls kaum was für den Haushalt. Sie putzt nicht, kauft nicht ein. Kocht nur ab und zu und widerwillig. Was tut sie eigentlich? Sie muss ja viel Zeit haben. Sie schläft lange und fest. Stellt, wo ein Empfang möglich ist, das Radio an und tanzt dann zu Walzer- und Schlagerklängen. Blättert Zeitungen und Illustrierte durch. Liest aus Bilderbüchern und Micky-Maus-Heften vor und erzählt mir vieles, was sie denkt und fühlt. Ohne daran zu denken, dass ich noch ein Kind bin. Ich bin ihr Vertrauter. Und dann wartet sie. Warten, das ist ein wichtiger Zeitvertreib. Warten, dass das Bodo-Schiff irgendwo wieder ein paar Tage im Hafen liegt. In Berlin im Westhafen oder am Ziegelhof in Spandau. In Hamburg am Schlängel oder am Stadtdeich. In Duisburg im Rheinhafen. Oder dort, wo man an Land gehen kann und wo es Geschäfte und Kinos gibt. Eben Stadtleben.

Dann zieht sie ihren Trenchcoat an, bindet das bunte Kopftuch um, nimmt einen Taschenspiegel zur Hand und zieht sich die Lippen rot nach und sorgt dafür, dass wenigstens eine Locke aus dem Kopftuch kokett hervorguckt. Nimmt ihre riesige, gebraucht und abgenutzt wirkende Einkaufstasche, wirft ihre Papiere hinein und ihr Portemonnaie, zieht mich schnell ebenfalls an und flugs sind wir am Kai oder auf der Böschung. Und wir streben zusammen Richtung Stadt.

Dort warten tausend Abwechslungen auf uns. Es wird je nach Geldbeutel Essen gegangen, ins Kino, ins Café´ oder wenn Bekannte, Freunde, Verwandte dort irgendwo wohnen, werden auch die besucht. Vater, der Schiffshaushalt und alles was dazu gehört, sind vergessen. Sie sind nun für Mutter Bestandteile eines anderen Universums, das sie nicht mehr interessiert. Ihre Welt ist die Stadt, mit ihren Lichtern und ihrem Treiben.

Vater dagegen ist von Natur aus eher in seiner Ordnungsliebe und seinem Sicherheitsbedürfnis ein Pedant. Irgendwie hat er immer gegen Unordnung und Chaos gekämpft, allerdings in seiner Ehe auf verlorenem Posten.

Bevor er Mutter kennenlernte, soll er stets saubere Hemden und Socken im Schrank gehabt haben. So berichten es jedenfalls seine Schwestern. Als Mutter mit auf dem Bodo-Schiff fährt, war die Zeit der sauberen Wäsche für Vater vorbei. So sagt er oft selbst, wenn er sich über Mutters Phlegma beklagt. Ab und zu kommt er wütend in die Kajüte. Streicht mit seinem kräftigen, von der Arbeit angeschwärzten Zeigefinger, über Schränke und Wandleisten und hält dann Mutter demonstrativ den staubigen Finger unter die Nase: „Siehst du, das ist deine Ordnung!" Wie sie darauf reagiert? Abweisend: „Lass mich in Ruhe." Wenn sie genervt ist, würzt sie ihre Sprache noch mit einigen deftigen, nicht ganz jugendfreien Ausdrücken. Er packt sie schließlich an den Schultern und schüttelt sie.

„Ich schlage dich windelweich, du Aas. Mir tut nur der Junge leid." Danach geht er und wirft wütend die Kajütentür zu.

Bei diesen Auftritten stehe ich auf der Küchenbank und schaue eingeschüchtert aus dem Bullauge auf die vorbeigleitende Fluss- oder Kanallandschaft. Oben im Steuerhaus steht der Bootsmann und tut so, als weiß er nichts vom Streit seines Schiffers.

Aber dieses Mal ist der Streit noch nicht zu Ende. Vater kommt zurück. Sagt kein Wort und öffnet langsam alle Küchenschränke. Er nimmt Tellerstapel für Tellerstapel. Tassenstapel für Tassenstapel. Hebt jeden Stapel mit beiden Händen hoch und lässt ihn mit Wucht auf den Fußboden fallen. Dann geht er weiter zum Tisch, auf dem noch volle Schüsseln und Teller mit Mittagessen stehen und zieht das Wachstuch mit allem was darauf ist herunter. Das Porzellan zersplittert in viele kleine und größere Teile. Nichts ist wieder zusammenzusetzen. Alles kaputt und zerschlagen. Bei der Ausführung seiner zerstörerischen Tat bleibt Vater unnatürlich ruhig, wie jemand, der ein vom Schicksal verhängtes Urteil ohne eigene Wahlmöglichkeit einfach nur vollziehen muss. Was wohl geschehen wäre, wenn er eine Waffe gehabt hätte? Die Kajüte ist verwüstet. Sie sieht aus, wie nach einem Einbruch. Reste vom Essen liegen zwischen Tellern und Schüsseln am Boden durcheinander.

Mutter ist wie versteinert. Sie weint lautlos. Ich habe Angst vor Vater und wage nicht zu atmen, weil ich mich auch schuldig fühle. Warum habe ich Mutter nicht an das Saubermachen erinnert? Hätte ich nicht auch die Fußleisten mit einem Lappen abwischen können, wenn sie es schon nicht macht? Dann geht Vater wortlos und bedächtig wieder zum Bootsmann in das Steuerhaus und übernimmt das Ruder. Mutter räumt nichts auf. Sie sitzt nur mit verweinten Augen da und wiederholt immer wieder: „Heini hat alles kaputtgemacht. Heini hat alles kaputtgemacht. "Irgendwann berühre ich sie an der Schulter. „Der hat sich doch nur geärgert, dass alles so dreckig ist. Komm, wir räumen auf."

Ich hole Handfeger und Schaufel und suche nach einem Eimer mit Feudel. Man muss aufpassen, dass man sich nicht verletzt bei den unzähligen kleinen Porzellansplittern. Später guckt Vater zu uns rein. „Junge, pass auf, dass du dich nicht schneidest. Die Scherben sind spitz." Seitdem habe ich das Gröbste an Staub selbst rechtzeitig weggewischt, bevor Vater es sieht. Er soll keinen Grund mehr haben, auf Mutter böse zu sein.

Das Grandhotel

Große Hotels haben für mich etwas Faszinierendes. Man spürt das Flair von Welt. Diven, Filmstars und Sternchen geben sich die Klinke in die Hand oder flanieren lässig in der Eingangshalle. Das Unerreichbare ist oftmals in der Phantasie sehr lebendig, weil es über Jahre durch Träume Nahrung erhalten hat. Mutter ist eine Träumerin.

„Bitte, fahren Sie uns zum nächsten Hotel." Das ist die knappe und bestimmte Order an den Taxifahrer. Wir sind spazieren gegangen und nun müde. Der Taxenstand ist irgendwo in der Villengegend Grunewald. Es ist nicht weit. Er fährt um einige ehrwürdige Häuserblocks von Bankiers und Kaufleuten des gehobenen Nachkriegsberlins, um vor dem Gehrhus zu halten. An der Auffahrt ein Portier in Uniform. Er öffnet die Türen der Nobelkarossen und ist ihrem wertvollen Inhalt beim Aussteigen behilflich. Mutter lässt sich ebenfalls aus der Taxe helfen. Ich krabbele ohne fremdes Zutun aus dem Auto.

Zuerst ist es wohl nur Neugier, die Mutter in das Foyer treibt. Sie freut sich über die Ausstattung der schlossartigen Villa. Über Kronleuchter, Gemälde und Stofftapeten. Über die Opernbühnentreppe. Über die Damen, die mit ihren Kleidern, Pelzen und Schmuck, wie aus Filmen lebendig geworden, dort einen Auftritt zelebrieren oder sich an der Rezeption räkeln. Herren in Maß

geschneiderten Anzügen haben sich auf Plüsch-
sesseln niedergelassen und blättern in Illustrierten
oder schauen abwartend oder sogar gelangweilt in
die Runde, trotz des bunten Treibens.

Ich finde, dass wir uns doch sehr von diesen Leuten im Äußerlichen unterscheiden. Mutter an-
scheinend nicht. Beide tragen wir Gummistiefel.
Außerdem hat Mutter einen braunen, abgetragenen Mantel an. Ihr Kopf ist mit einem bunten Tuch
in der Art russischer Frauen bedeckt. Sie achtet
streng darauf, dass wenigstens eine Haarlocke ein
Stück hervorschaut. Diese farbenprächtige Kopf-
bedeckung geht mit ihrem wettergegerbten Gesicht und dem auffallenden dunklen Damenbart,
der seit einiger Zeit ihre Oberlippe bedeckt, eine
für dieses Hotel sicher nicht alltägliche Verbindung
ein. Ich für meinen Teil, trage neben den alten
Gummistiefeln, an denen man erkennt, dass ich zu
meiner Mutter gehöre, eine abgetragene Manchesterhose; die an den abgescheuerten Kniestel-
len dünn und durchsichtig geworden ist. Über dem
obligatorischen Leibchen, das als Unterhemd
dient, klebt ein verfilzter Pullover. Die Haare ver-
berge ich unter einer Jockeymütze, die ich lieber
auf dem Kopf behalte, weil sie fettig und ungewa-
schen sind. Haare waschen kommt auf dem Schiff
selten vor.

Mutter wendet sich an den seriösen Herren hinter
dem Rezeptionstresen. Ich bleibe im sicheren Ab-

stand hinter ihr. Mir ist die ganze Sache nicht ganz geheuer. Sie erkundigt sich nach einem freien Zimmer. Der Hotelmanager bleibt freundlich, was ich nicht erwartet habe. Ich weiß damals nicht, dass er dieses professionelle Verhalten auf der Hotelfachschule gelernt hat. Der Zimmerpreis für eine Nacht ist für unsere Verhältnisse ziemlich hoch. Wir können nur drei Nächte bleiben. Dann sind die Geldmittel, die Mutter Vater aus der Brieftasche gemopst hat, erschöpft.

Doch es sind interessante Tage. Wir bekommen die Dreharbeiten eines berühmten Films mit. In dem die Hoteltreppe so richtig filmisch zur Geltung kommen soll. Diese Einstellung wird oft wiederholt. Mutter beeindruckt mich mit ihrem selbstverständlichen Auftreten in diesem Milieu Sie fühlt, dass sie mehr ist, als sie im Augenblick kleidungsmäßig vorstellt. Allerdings ist für mich dieser ganze Aufenthalt doch ziemlich stressig. Ich wäre lieber irgendwo anders und nicht den Blicken der Leute ausgeliefert, für die das Hotel Gehrhus ein Teil ihres normalen Lebens ist. Nämlich die, die im Nachkriegsdeutschland sich schon den Wohlstand verdient oder ihr Geld über den Krieg gerettet haben.

Wir schauen während dieser Tage nur selten ins Portemonnaie, um uns nicht von der Ebbe darin beunruhigen zu lassen. Es hätte mich sicher noch stärker aufgeregt als Mutter zu sehen, wie sich die

Geldscheine darin mehr und mehr verflüchtigen. Da Mutter nur ihre große schwarze Handtasche dabei hat und sonst kein Gepäck, ist es für uns leicht nach drei Tagen die geräumige Doppelzimmer-Suite mit den goldenen Wasserhähnen in der Nasszelle zu räumen und für die nächsten, hoffentlich passenderen Gäste, freizumachen. Mutter bedankt sich – wie eine Frau von Welt – beim freundlichen Herrn an der Rezeption, der so seriös aussieht. Er revanchiert sich, indem er sagt: „Gute Reise gnädige Frau, gute Reise, kleiner Herr. Was Mutter wohl nur selbstverständlich findet. Die Welt der Schiffer ist noch weniger die ihre als die Atmosphäre des Gehrhus.

Die Jugendbande

Es ist gut, für kleinere Reparaturen eine günstige Werft zu haben, die das Schiff und den Motor schon kennt. Zu der der Schiffer Vertrauen hat und der Werftbesitzer ebenfalls weiß, dass er nach vollbrachter Leistung, sein Geld bekommt. So eine Werft für das Bodo-Schiff ist Wiese in Spandau.

Die Zufahrt liegt versteckt in einem Seitenarm der Havel, deren Ufer im Sommer mit Pflanzen aller Art fast zugewachsen ist. Die Frachtschiffer müssen lange manövrieren, um ihr reparaturbedürftiges Fahrzeug an den Anleger zu steuern. Sportbootkapitäne haben es da erheblich leichter. Aber auch von der Landseite her, ist diese kleine Schiffswerft nicht leicht zu finden. Wenn man von der Stadt kommt, muss man hinter der Schulenburgbrücke gleich rechts abbiegen. Dieser Teil Spandaus ist noch mit Ruinenresten aus dem Krieg übersät. Berge von Schutt liegen herum, die im Sommer mit Grünzeug bewachsen sind. Die Straße führt durch ziemliche Öde, auf der aber an warmen Tagen das Gefühl aufkommt, zum Wasservergnügen an den Wannsee zu gehen.

Wie kaputte Zähne stehen wenige Häuserreste. In einem ist ein Lebensmittelgeschäft, wo auch Krügers so manches einkaufen. Brot, Butter, Wurst, Kartoffeln. Keine großen Sachen, aber eben das, was man so für den täglichen Bedarf braucht. Die Kinder freuen sich, dass die Chance besteht, Brausepulver und Maoma-Bonbons zu bekommen. Die Großen nehmen schnell noch eine Tageszeitung oder eine Flasche Bier mit. Das Besondere aber an diesem Laden ist - was wahrscheinlich für diese Zeit gar nichts Besonderes ist - dass man nicht immer gleich bezahlen muss. Man kann anschreiben lassen, wenn man dort bekannt ist. Dann wird der Einkaufszettel auf einen langen Nagel in der Nähe der Kasse aufgespießt. Wenn man wieder Geld hat oder spätestens am Monatsende kann man die Schulden bezahlen.

Gleich nach der Reihe der kriegsversehrten Häuser trifft man auf das verrostete Werfttor. Am Tag steht es meistens offen. Für abends und nachts bekommen die, dort mit ihrem Fahrzeug liegenden, Schiffer einen Schlüssel, mit dem der Landgang gesichert ist. Es sind höchstens zwei oder drei kleinere Kähne, die hier gleichzeitig zur Reparatur liegen. Mal wird ein Schiff aufs Land gezogen, um ein Leck abzudichten oder einen neuen Anstrich unter dem Kiel zu bekommen. Mal wird ein Ölwechsel an der Maschine vorgenommen. Mal bekommt der Motor ein neues Ersatzteil. Seltsam ist auch, dass mir bei der Erinnerung an diese Zeit keine Werftarbeiter einfallen. Immer ist es nur Vater allein, der die Arbeiten an seinem Schiff durchführt. An manchen Tagen kommt es auch vor, dass gar nichts an Arbeit geschieht. Dann liegt das Bodo-Schiff nur da, und alle haben Zeit. Der Schiffer nimmt von Werften dieser Art nur den Liegeplatz und die Slipanlage in Anspruch. Darüber hinaus hat er noch die Möglichkeit, die Werkstatt mit den technischen Geräten und Werkzeugen zu nutzen. Die Verantwortung für das Vorankommen liegt beim ihm selbst. Das gibt ihm Freiheit in der Gestaltung der Arbeiten und Einfluss auf die Höhe der Kosten.

Wir liegen hier einige Zeit. Vielleicht ein paar Wochen oder einen Monat. Schulbesuch lohnt sich da nicht, zumal die Streicharbeiten meistens in den Sommermonaten ausgeführt werden, wo sowieso Ferien sind. Aber wenn man als Kind keine Spielkameraden hat, so ist es doch etwas Besonderes plötzlich von kleinen Kollegen barfuß und in kurzer Hose angesprochen zu werden. Manchmal kommen Kinder aufs Werftgelände. Sicher ist auch der Sohn von Herrn Wiese, dem Werftbesitzer, dabei, der den anderen gesagt hat, dass da auf dem Schiff auch noch ein Junge ist.

„Haste Lust mitzuspielen?" Ich weiß gar nicht, ob ich das will, aber abzulehnen, traue ich mich auch nicht; zumal ich ja sonst kaum Spielkameraden habe. So treffen wir uns bei hochsommerlichen Temperaturen in der sogenannten Sandkuhle. Eine mir riesig erscheinende Sandfläche, mit zahlreichen kleineren und höheren Dünen, die stellenweise mit Resten von Baumwurzeln und Heide bewachsen sind. Dann lieg ich auf einmal mit den anderen dort im Sand, was für mich allein schon deshalb ziemlich unangenehm ist. Überall Sand! An den Händen, unter den Fingernägeln, in den Augen, in den Haaren, in der Hose. Wo das Waschen auf dem Schiff doch nicht so einfach ist. Verstecken sollen wir uns. Damit die anderen Jungen, die zu unseren Feinden erklärt werden, uns nicht entdecken. Plötzlich merke ich, dass man erwartet, dass ich wie alle anderen auch kämpfe. Das habe ich noch nie getan. Ich gehöre nun zu der Gruppe, die mich gefragt hat, ob ich mitspielen will. Als Preis dafür, soll ich meine Haut zu Markte tragen. Dabei hätte ich auf dem Werftgelände genauso gern friedlich ganz allein gespielt. Es ist wahr, ich habe bisher kaum Gelegenheit gehabt, mit anderen ungefähr gleichaltrigen Jungen zu spielen. Doch der Preis für die kurze Gemeinschaft mit ihnen erscheint mir nun ziemlich hoch.

Solche Überlegungen stelle ich damals sicher nicht an. Doch, dass was Unangenehmes auf mich zukommt, gerade weil ich mich dieser Gruppe angeschlossen habe und mitspielen will, das merke ich bald. Mein Entsetzen wächst, als ich sehe, dass meine Leute und auch die Gegner Steinschleudern haben. Das Spiel scheint wirklich blutiger Ernst zu werden. Man wird mit Kieselsteinen richtig aufeinander schießen, was ja schnell ins Auge gehen und mich ebenso rasch zum Blinden machen kann. Eine grässliche Vorstellung. Bald erreichen uns die gegnerischen Kämpfer. Ein kräftiger Junge greift nach meinem Bein und balgt sich mit mir im Sand, der hier mit Glasscherben, harten und spitzen Steinen und viel Unrat übersät ist. Ich vergesse, dass es nur ein Spiel ist und habe richtig Todesangst. Trotzdem bin ich mir nicht sicher, ob ich echt zuschlagen darf, denn es läuft ja alles unter der Rubrik Spiel. Mein Gegner hat weniger Skrupel. Er packt kräftig zu und drischt auf mich ein. Ich versuche mich mit aller Kraft loszumachen und wieder in die Nähe der eigenen Leute zu kommen. Fortan bleibe ich vorsichtshalber dichter bei ihnen und tue in abgemilderter Form mehr und mehr schauspielerisch mit – denn es soll doch nur ein Spiel sein. Der Kampf zieht sich hin. Glücklicherweise bekomme ich keine Katapultgeschosse ab.

Dann kommt das Ende der Auseinandersetzung. Es erscheint mir nun reichlich unpassend für ein Kampfgeschehen dieser gefährlichen Art. Die jungen Krieger müssen plötzlich alle nach Hause. Es ist Mittagszeit. Und die „Kämpfer" sind auf einmal wieder Kinder und müssen gehorchen. Auch ich verdrücke mich ziemlich angeschlagen, aber innerlich froh, dass alles vorbei ist. Ich bearbeite Mutter, nächstes Mal Ausreden zu erfinden, wenn wieder nach mir gefragt werden sollte. Das Spiel mit diesen Jungen aus Spandau ist nicht mein Ding.

Aber es gibt auch schöne und weniger gefährliche Beschäftigungen. In der Nähe ist ein Kino. Es liegt

ebenfalls in einem nur zuunterst erhalten geblie-
benem Haus. Das Verlockende sind die Kindervor-
stellungen zu 50 Pfennig. Hier gibt es „Zorro" und
andere ähnlich gelagerte Filme. Ich gehe mit Mutter hin. Fasziniert bin ich von den Schwingtüren
aus Milchglas und dem etwas miefigen Geruch
nach alten Plüschsitzen. Ein damals typischer Ki-
noduft. Schön die Vorfreude im Foyer, wo man
dicht gedrängt in der Menge anderer Kinder, auf
den Einlass wartet. Und dann erst das Kino selbst!
Die Wände sind mit Stofftapeten verkleidet. Lam-
pen, die langsam hell und dunkel werden, sorgen
für die richtige Stimmung. Nur etwas stört mich:
Es gibt keinen Vorhang. Die Leinwand bleckt nackt
in ihrer Weiße in den Zuschauerraum hinein. Das
ist irgendwie öde.

Es ergibt sich auch mal, dass Karl-Heinz mit seinem
kleinen Schiff ebenfalls bei Wiese liegt. Er fährt ja
seit kurzem Vaters ehemaligen Kahn, die einstige
Alsterschute, die auch bei Vater schon Karl-Heinz
geheißen hat. Für Vater ist es selbstverständlich,
die Schiffe nach den Söhnen zu benennen. So
muss es für Karl-Heinz als Sohn aus erster Ehe
ziemlich schmerzlich sein, dass das größere Schiff
plötzlich Bodo heißt. Karl-Heinz ist mein achtzehn
Jahre älterer Halbbruder aus Vaters erster Ehe.
Nach Vaters Worten hat ihn die Mutter seines
Sohnes mit seinem besten Freund betrogen. In
gekränkter Mannesehre, reicht er daraufhin die
Scheidung ein. Selten spricht Vater über diese

Zeit. Ich frage ihn auch nicht danach, obwohl ich schon ein bisschen neugierig auf seine Vorgeschichte bin. Karl-Heinz wird seinem Vater zugesprochen und von den Großeltern Krüger in Landsberg an der Warte großgezogen. Nach dem Schulabschluss will er ebenfalls Binnenschiffer werden und wird von seinem Vater ausgebildet. Jedenfalls hat Karl-Heinz, nachdem er mit der Ausbildung zum Schiffer fertig war und die entscheidenden Patente erworben hatte, das frühere kleinere Schiff von Vater übernehmen können. Damit hat er nun eine eigene Existenz. Jetzt fehlt ihm nur noch eine Frau. Deshalb nimmt er Tanzstunde und lernt dabei Rhena kennen. Bald heiraten die beiden und haben acht Kinder mit einander.

Damals in jenem warmen Sommer bei Wiese, sind die drei Ältesten noch klein, und ich bin schon zu alt, um mit ihnen viel anfangen zu können. Mein Bruder aber ist ein überglücklicher junger Vater.

Die ehemalige Schute wird überholt. Weil man den Schiffsrumpf neu streichen muss, liegt sie auf den festgesetzten Schienenwagen der Slipanlage auf dem Werftgelände. Wenn man zum Deck will, muss man eine Sprossenleiter hinaufsteigen.
Von unten gesehen, erscheint das Schiff wie die in Bau befindliche Arche Noah. Ab und zu bin ich bei Karl-Heinz und seiner Familie oben in der Kajüte. Er ist ein geschickter Handwerker und baut kleine

Schiffsmodelle aus Holzstücken: Schleppkähne mit Ruderbäumen und Ankerwinden, Schlepper mit bunt angemalten Schornsteinen, Motorschiffe mit Steuerhaus und Kajütenaufbau. Sogar kleinste Details baut er nach, versieht sie mit dem passenden Farbton und klebt sie auf dem Modell fest. Alles sieht echt aus. Man bekommt Lust, damit zu spielen. Geschenkt hat er mir allerdings keines seiner Schiffsmodelle, was mich damals ein bisschen enttäuscht. Angesteckt von seinem handwerklichen Eifer, versuche ich ein Bild zu malen.

Was es darstellen soll, erinnere ich nicht mehr. Vielleicht unser Bodo-Schiff. Die Perspektive gelingt mir nicht so richtig. Mein erwachsener Bruder aber beugt sich sachkundig über meinen Malversuch und führt meine Hand mit dem Stift bis alles korrekt ist.

Mit seiner Frau versteht er sich damals noch gut. Er freut sich über seine Kinder. Spielt mit der Jüngsten, hebt sie lachend hoch und verstellt immer wieder zum Spaß seine Stimme, um als Belohnung ein Jauchzen von der Kleinen zu erhalten. Am Ende seines Lebens hätte man nicht mehr gedacht, dass er jemals so glücklich gewesen ist, wie in diesem Sommer.

Dann ist für uns die Zeit der Reparatur vorbei. Wir bekommen Ladung und verlassen die Werft. Mich beschäftigt noch länger der Gedanken, dass Kinder bereit sind, Gefahren, Schmerzen und Verletzungen in Kauf zu nehmen, nur damit sie von ihren Freunden und Kameraden anerkannt werden. Es wehrt sich etwas in mir, das zu akzeptieren. Ich finde, das Leben fügt schon von allein genug Schmerzen zu.

Licht-Liebe-Leben

Wie Wiese in Berlin, ist für uns in Hamburg die Schiffswerft Wandmaker die Anfahrstelle. „Wir sind bei Wandmaker", das klingt nach Zuhause.

„Wir sind bei Wandmaker", da wissen alle, die uns kennen oder mit uns zu tun haben, wo wir sind.

Das Gelände ist malerisch. Nahe der Süderelbbrücken auf der Elbinsel Wilhelmsburg gelegen. Eine halbkreisförmige Bucht dicht bei den Brückenpfeilern. Bei Ebbe ragen Teile eines Wracks aus dem Wasser. Ein Überbleibsel des Krieges. Nicht weit davon kann man an Duckdalben festmachen. Es liegen oft nur ein bis zwei Schiffe dort. Meistens ist es Frühjahr oder Frühling. Die Zeit der Schiffsüberholung. Erstes Grün. Sträucher, Kätzchen, Binsen. Wilde Büsche bis an den Fluss heran. Dahinter Sandflächen, dünenartiges Gebiet. Es gibt Bilder, auf denen mein Bruder Karl-Heinz mit mir im Sand spielt. Ich, Pagenkopf, kurze Hose, lange Strümpfe, weinerliches Gesicht. Wer will als Kind schon fotografiert werden. Ein kleines Paradies. Lange Wege durch den Sand bis zur Straße. Vater von der Straßenbahn abholen. Spaziergänge mit Mutter auf der alten Elbbrücke, die an ihren Enden wie eine Burg aussieht, mit einem großen Wappen. Stille Abende, an denen die Mücken in der Luft tanzen und das Wasser mit seiner Strömung sich am Bodo-Schiff bricht.

In diese Zeit fällt meine erste, und ich glaube, einzige Einladung zu einem Kindergeburtstag. Heidi heißt sie und wohnt in der Nähe der Haltestelle der Straßenbahnlinie, die zum Hauptbahnhof fährt. Mutter kennt die Leute. Eine der Frauen hat ihr mal ein Kleid aus Satinstoff genäht. Sie hat eine Tochter mit einer Frisur, auf der eine Haarschleife thront. Heidis Familie ist größer als unsere. Eine Tante arbeitet bei Phönix in Harburg und sieht immer blass und kränklich aus. Die andere hat gar keine Arbeit. Von einem Vater weiß ich nichts. Ich spiele ein paar Mal mit Heidi und ihrer Clique. Habe daran kaum größere Erinnerungen. Vielleicht bin ich noch zu jung. Außerdem wird die Freude dadurch getrübt, dass ich an die Abfahrt des Bodo-Schiffes denke. Was für mich bedeutet, wieder von neu gewonnenen Freunden Abschied zu nehmen, ohne zu wissen, ob oder wann ich sie wieder sehe.

Ausnahmsweise liegen wir diesmal im Winter bei Wandmaker. Wir warten darauf, dass die Schifffahrt auf dem Mittellandkanal wieder freigegeben wird, der seit einiger Zeit zugefroren ist. In Abständen meldet sich die Jugendbehörde und fragt schriftlich an, wann ich in die Schule komme. Vater antwortet auf solche Briefe meist nicht gleich oder auch gar nicht oder nur, wenn es gar nicht mehr anders geht.

Im letzten Fall schreibt er mit seiner kleinen unregelmäßigen Handschrift:

„Sehr geehrte Herren,
 da wir Schiffer sind und unsere Existenz es mit sich bringt, dass wir mal hier und da sind und unser Sohn sehr an uns hängt, ist es uns im Moment nicht möglich, ihn in die Schule zu schicken. Meine Frau ist nervenkrank und würde eine Trennung von ihrem Kind zurzeit nicht verkraften. Wenn wir etwas länger liegen, werden wir ihn dort in die Schule schicken.
Mit der Bitte um Verständnis.
Hochachtungsvoll
Heinrich Krüger, Schiffseigner"

So fahren Mutter und ich eines Tages mit der Straßenbahn nach Wilhelmsburg zur Grundschule.
Sie ist in der Kaiser-Wilhelm-Straße und heißt deshalb Wilhelmschule. Mutter begleitet mich bis zur Haltestelle. Den Rest muss ich allein gehen. Es wäre mir auch peinlich, von ihr ganz bis zur Schule gebracht zu werden. Sie hat mir ja schon mit sechs Jahren einen Schulranzen mit der damals üblichen Brottasche gekauft. Auf diese beiden Attribute eines Schulkindes bin ich mächtig stolz. Schon Tage vorher trage ich den Ranzen zur Probe mit mir herum und habe die Brottasche wie ein Bahnschaffner um den Hals baumeln.

Mutter hat mich ja bis dahin fast immer begleitet. Wir haben alles Erleben miteinander geteilt. Nun muss sie mich und ich sie freigeben. Wenigstens, solange die Schule dauert. Das fällt uns beiden schwer. Doch ich tröste mich damit, dass andere Kinder ja auch ohne Eltern in die Schule gehen. So lasse ich ihre Hand los und eile zur Gruppe der anderen, die eifrig dem Eingang zustreben, über dem man die Worte „Licht-Liebe-Leben" lesen kann. Aber, bevor ich im Schulgebäude verschwinde, blicke ich mich noch mal um. Mutter steht da und lächelt. Schön ist sie, wenn sie lacht. Es macht mir Mut und bedeutet: „Geh man, es ist gut." So gehe ich dann auch durch das Schultor. Ich fühle mich schon ein bisschen erwachsener.

Ich soll in die dritte Klasse, das entspricht ungefähr meinem Alter. Die junge Lehrerin heißt Fräulein Kröger. Die Fenster in der Klasse gehen nach Osten. Es ist ein klarer kalter Wintermorgen. Eindrucksvoll der Sonnenaufgang mit rötlichem Himmel und einer Sonnenscheibe, die sehr schnell größer und strahlender wird. Fräulein Kröger trägt das Haar zu einem kräftigen Knoten gebunden. Sie hat ein frohes Mädchengesicht. Ich bleibe wie alle hinter dem Stuhl stehen. „Guten Morgen, Kinder." „Guten Morgen, Fräulein Kröger" Es kommt wie aus einem Munde. Dann hebt sie ihre Hand und stimmt ein Lied an. Es ist ein Kanon.

„Die güldne Sonne, voll Freud und Wonne bringt unsern Grenzen mit ihrem Glänzen ein herzerquickendes, liebliches Licht.

Mein Haupt und Glieder, die lagen danieder; aber nun steh ich, bin munter und fröhlich, schaue den Himmel mit meinem Gesicht."

Dann dürfen sich alle Kinder setzen. Ich bekomme nun einen festen Platz und werde den anderen Schülern vorgestellt: „Das ist unser neuer Gastschüler Bodo. Seine Eltern haben ein Binnenschiff. Solange sie nicht fahren können, weil der Winter stark und der Eisgang sehr groß ist, wird Bodo hier vorübergehend zur Schule gehen. Bodo kennt sich gut in Erdkunde aus, weil er mit seinen Eltern viel auf den Flüssen und Kanälen unterwegs ist. Wenn wir wieder Erdkunde haben, wirst du uns sicher etwas von euren Reisen erzählen, Bodo", sagt sie zu mir, in dem sie mich freundlich ansieht. „Und nun schlagt bitte eure Rechenbücher auf. Horst, du wirst unseren Gast bei dir mit reinschauen lassen." Mein Tischnachbar Horst, ein etwas dickerer, schüchterner Junge, schiebt eifrig sein Rechenbuch in meine Richtung. „Mit welchen Rechenaufgaben haben wir uns in der letzten Stunde beschäftigt? Wer es weiß, erzählt es Bodo mal." Ein blondes Mädchen mit Brille meldet sich und sagt in meine Richtung, ohne dass sie mich ansieht, dass sie Zahlenreihen zusammengezählt und abgezogen haben. Zusammenzählen. Das kann ich, aber abziehen noch nicht. Soll ich das sagen? Ich melde mich zaghaft. Fräulein Kröger hat dafür Verständnis. Es genügt, wenn ich erst einmal schön aufpasse. Als Gastschüler kann ich eben nicht alles gleich so mitmachen wie die anderen. Sie ist nett. Es ist schön in der Schule.

In der Pause stehe ich abseits auf dem Hof und esse mein Brot aus der Brottasche. Fast alle Kinder spielen oder tollen nur so miteinander herum. Ein Junge traut sich. Er kommt auf mich zu und will etwas über das Schiff wissen. Ich gebe bereitwillig Auskunft. Zum Glück will er nicht mit mir spielen. Ich kenne nämlich gar keine Kinderspiele. Überhaupt kann ich vieles nicht, was sie hier in der Schule machen. Wie gesagt, zusammenzählen kann ich die Zahlen zwar, aber voneinander abziehen wieder nicht. Lesen kann ich etwas, aber das Gelesene aufschreiben eigentlich gar nicht.

Fräulein Kröger ermutigt mich, dass ich selbst entscheiden soll, wann ich mich am Unterricht beteiligen möchte. Doch ich bleibe meistens, mit gefalteten Händen auf dem Pult, ein stiller nur innerlich beteiligter Zuhörer.

Alle schreiben mit Füller. Aber ich habe keinen. So schreibe ich als einziger mit einem Federhalter und male die Buchstaben der deutschen Sütterlinschrift im Fach Schönschrift meist ziemlich kricklig in mein Heft. Zu meinem etwas primitiven Schreibwerkzeug gehört ein Tintenglas, das ich im

Ranzen aufbewahre und auf die Schulbank stelle, wenn ich etwas schreiben muss. In dieses Glas hinein tauche ich in gewissen Abständen die Metallfeder, um in mein Schreibheft die Buchstabenversuche nach einer Vorlage einzutragen. Auch sonst, wenn die anderen Kinder schon längere Texte von der Tafel in ihr Heft schreiben, brauche ich auch für die normale Schulschrift noch länger als die anderen. Manche Buchstaben gelingen mir schlecht und sehen komisch aus. Ich bin unzufrieden. Allmählich verkrampft sich auch meine rechte Hand. Schreiben fällt mir schwer, stelle ich fest.

Plötzlich setzt Tauwetter ein. Schneller, als wir gedacht haben. Vater hat für das Bodo-Schiff Ladung bekommen. Wir müssen losfahren. Es bleibt mir keine Zeit mehr zur Verabschiedung von Fräulein Kröger, meiner ersten Lehrerin und der Klasse drei der Wilhelm-Schule. Wenn ich länger geblieben wäre, hätte ich sicher Freunde gefunden. Und ich hätte die üblichen Spiele vom Schulhof auch gelernt.

Ich brauche nun nicht mehr zu lügen, wenn ich gefragt werde: „Na, gehst du denn auch zur Schule?" Ich kann dann selbstbewusst antworten: „Ja natürlich, mal hier und da, wo wir mit dem Schiff gerade länger liegen." Damit sind die Leute meistens zufrieden und fragen nicht mehr weiter nach. Sie kennen das ja auch von den Zirkuskindern.

Kontaktversuche

In Lübeck an der Trave gibt es die Kaimauer noch heute. Hier liegen wir nach dem Schiffsumbau. Leute gehen am Ufer entlang. Kinder kommen vorbei. Mutter und der Sechsjährige sitzen in der neuen Kajüte auf dem Decksaufbau hinter dem großen Fenster, die uns nun als Küche und Essraum dient und freuen sich über den besserem Blick nach draußen. Alles hier riecht noch frisch nach Lack und Farbe. In der unteren Kajüte, die auch weiterhin als Wohn-und Schlafbereich genutzt wird, gibt es nur kleine Bullaugen. Da macht das Rausgucken nicht so viel Spaß.

Ich besitze einige Kasperlepuppen. Nicht besonders viele, aber immerhin sind Kasper, Polizist und Krokodil darunter. Eine Großmutter wohl auch. Einige Kinder aus den Häusern trauen sich dichter an das Bodo-Schiff heran. Sie schauen durch das Fenster in die noch nicht ganz fertig eingerichtete Küche.

Mutter holt plötzlich die Puppen und beginnt zu improvisieren. „Tratritrallala", ertönt es und ist auch draußen durch die dünne Glasscheibe zu hören. „Tratritrallala, Kasper ist wieder da. Was sind denn das für Kinder, die da dem Kasper in die Kajüte gucken? Sie sehen ihm ja direkt auf den Küchentisch und schauen in seinen Kaffeebecher und auf seinen Kuchen." „ Das sind Lübecker Kinder, die wollen sich das Schiff ansehen. Es sind

nämlich Stadtkinder, die kennen keine Binnenschiffe, die kennen nur Ozeandampfer", sagt der
Polizist. Kasper und Polizist führen auf den Händen meiner Mutter diesen kleinen Dialog. Nun
bekomme ich die Schutzmann-Puppe in die Hand
gedrückt und soll das Spiel fortsetzen. „Lieber
Kasper, sei doch nicht so streng mit den Kindern",
sage ich. „Auch wenn sie keine Binnenschiffe kennen, so können sie sich das Schiff doch gern mal
angucken. Da ist sicher jemand, der ihnen alles
zeigt. Wie wäre es, Kasper, wenn du es selbst machen würdest. Du kennst dich doch mit Binnenschiffen aus." Auch das Krokodil, in dem meine
linke kleine Hand steckt, versucht zur Bekräftigung
eifrig zu nicken. Mutter ist mit mir zufrieden. Die
Kinder finden die Puppen am Fenster lustig und
uns wohl auch. Doch sie sind zurückhaltend und
gehen nicht auf unsere Einladung ein, die wir noch
mal persönlich mit Zulächeln und Nicken bekräfti-
gen. Wir haben nämlich schnell die Puppen beisei-
tegelegt und die Kajütentür aufgemacht. Aber es
wird schon Abend. Sie müssen nach Hause. Das ist
wohl auch der Grund, weshalb unsere kleinen
Zuschauer schon bald in den nahen Gassen verschwunden sind.

Anders ist es später in Berlin. Das Bodo-Schiff
liegt schon einige Wochen zum Überwintern im
Verbindungskanal. Mutter hat mich in der nahen
Schule direkt am Ufer angemeldet. Ich gehe also
wieder als Gastschüler, wie ein Zirkuskind, zur

Schule. Es ist diesmal die vierte Klasse. In Rechnen und Deutsch höre ich nur zu. Aber in Erdkunde kann ich wieder von den Kanälen und Flüssen, von den Schleusen und Hebewerken erzählen, die ich auf der Fahrt mit dem Bodo-Schiff kennen gelernt habe. Das ist anschaulich für die anderen Schüler und füllt für die Lehrerin die Stunde.

Eines Nachmittags bekomme ich Besuch. Vater ist nicht zu Hause. Er klappert wieder mal die Kneipen ab. Auf einmal stehen drei Mädchen am Ufer. Ich schaue gerade wieder aus dem Kajütenfenster, das mich besonders reizt, weil es so groß wie ein normales Fenster in einem Haus an Land ist. Warum wohne ich nicht in einem richtigen Haus mit großen Fenstern und geräumigen Zimmern, mit Garten und Wegen, die immer in die Stadt führen? Und da sehe ich drei kleine Grazien aus meiner Schulklasse. Was die wohl wollen? „Mama, Mama, da sind Mädchen aus der Schule, die wollen was, die wollen was, komm schnell." Mutter schaut erstaunt. „Kommt doch den Landsteg rauf. Geht langsam, ihr braucht keine Angst zu haben. Wenn ihr euch festhaltet, ist es nicht gefährlich."
So lockt sie die etwas schüchternen, unbeholfenen Landratten. Durch die Kraft ihres Zuredens überwinden sie die anfängliche Scheu.

Da stehen die drei nun auf unserem Bodo-Schiff. Still, aber freundlich. Ich sage auch nicht viel, versuche verlegen zu lächeln. Innerlich allerdings glühe ich vor Spannung und Stolz, dass Schulkameraden, besser Kameradinnen, mich auf dem Schiff besuchen. „Wir haben etwas für dich", sagen sie nach einigem Zögern, nachdem sie sich geeinigt haben, wer mit dem Sprechen anfängt. „Wir haben in der Klasse zusammengelegt und wollen dir ein Geschenk machen." Eine hält ein kleines Päckchen, das mit einem roten Band mit Schleife umwickelt ist, in der Hand und überreicht es mir. Was das wohl ist? Ich öffne die Schleife und wickele die kleine schwarze Schachtel aus, langsam aber doch ziemlich aufgeregt. Ein Füllfederhalter kommt zum Vorschein. Mein erster eigener Füller! Ich bin sprachlos. Auch ein bisschen verwirrt und weiß nicht, ob ich dieses großzügige Geschenk annehmen darf. Dann reicht mir schüchtern die zweite der Besucherinnen noch ein anderes Päckchen, ebenfalls hübsch eingewickelt. Sie sagt schnell und undeutlich, was sich darin befindet. „Das ist die Tinte. Die brauchst du zum Auffüllen des Füllers." „Danke, danke. Vielen Dank", sage ich leise. Denke, dass alles sehr nett ist. Aber mir ist es unangenehm. Mutter aber freut sich mit mir. Doch dann fällt mir ein, dass ich ja gar nicht mit einem Füller schreiben kann. Ich kann ja kaum mit einem Federhalten, den man immer wieder in die Tinte eintauchen muss, schreiben. Aber nun wird eben das Schreiben mit dem neuen Füller eine Sache sein, die ich üben muss. Wie so viele andere Dinge in der Schule. Dann wünschen die Mädchen mir und Mutter alles Gute. Sie wollen nach Erfüllung ihrer guten Tat weiter nicht stören und schnell nach Hause. Es sind wohlerzogene Kinder.

Wir bieten dem Besuch nichts an, ist wohl auch nichts da. Auch spielt sich das ganze Gespräch nur an Deck ab, denn unsere Kajüte ist zu klein und unaufgeräumt. Dahin kann man keine anderen Kinder mitnehmen. Wegen der Unordnung, der Winzigkeit der Räume und des Dreckes. Denn es ist auf dem Bodo-Schiff vieles schmierig und ölig und verrußt und nicht aufgeräumt. Da kann man sich schon schämen, finde ich.

Aus dieser kurzen Begegnung wird kein größerer Kontakt, auch keine kleine Liebesgeschichte, obwohl ich noch lange an das Mädchen, das mir den Füller überreicht hat, denken muss. Sie ist groß und hat feste dunkle Haare und besonders schöne ausdrucksvolle Augen. Ich komme nicht mehr in die Berliner Schule zurück. Habe deshalb auch keine Gelegenheit dort den neuen Füller zu erproben. Tauwetter setzt plötzlich ein. Wir müssen wieder los. Haben Ladung in Hamburg in Aussicht. Von dort wird es wohl in den Westen nach Duisburg oder Rotterdam gehen. Bei der Abfahrt des Bodo-Schiffes schaue ich diesmal wieder durch das Bullauge. Sehe wie die roten Mauern der Schule sich unter dem Dröhnen unseres Motors nach Rückwärts in Bewegung setzen. Diesmal steht kein Kind am Ufer. Schade.

Weihnachtsstimmung

Am äußersten Ende des Westhafens, dort wo die beiden Seiten des Hafenbeckens zusammentreffen, haben wir das Bodo-Schiff festgemacht. Vor Weihnachten lohnt es sich nicht mehr loszufahren, um nach sieben Tagen in Duisburg die Ladung zu löschen. Deshalb wollen wir in Berlin die Festtage verbringen.

Durch das leichte Schneetreiben bekommt die freudige Erwartung eine feierliche Färbung. Zumal auch der sonst ziemlich hektische Hafenbetrieb in Vorfreude auf die Feiertage seine Aktivitäten eingestellt hat. So herrscht gedämpfte Stille. Bald liegt alles unter einer dichten Schneedecke. Die durch das Treiben der weißen Flocken behinderte Sicht lässt die vorbei gleitenden S-Bahnzüge auf den nahen Schienensträngen nur schwach erkennen. Die Strecke führt an Abstellgleisen vorbei, auf denen Güterwagen, beladen mit Briketts, rollende Depots für die weihnachtliche Wärmevorsorge von Westberlin bilden.

Der Anblick weckt Begeisterung für den Bahnbetrieb in mir. Ich weiß jetzt, was ich zu Weihnachten haben möchte. Ich wünsche mir eine Modelleisenbahn. „Was meinst du, Mama?" Mutter ist damit einverstanden. Vater weniger. Er kehrt immer dann die sparsame Seite heraus, wenn die Angehörigen etwas wollen. Dagegen lässt er sich nicht lumpen, wenn es um die Zeche in den Kneipen geht. Dann ist ihm auf einmal nichts zu teuer. Doch ich lasse mich durch sein Gerede von meinem Eisenbahnwunsch nicht abbringen. „Wünsche sie dir doch vom Weihnachtsmann im nächsten Jahr." Das könnte ihm so passen. Er hat eben keine Ahnung. An den Weihnachtsmann glaube ich doch überhaupt nicht. Habe nie daran geglaubt. Nur daran, dass die Eltern die Geschenke oder das Geschenk, denn in der Regel bekomme ich nur eins, kaufen und bezahlen müssen.

Nach langem Hin und Her rückt Vater das Geld endlich raus. Mutter zieht los. Ich natürlich mit. Vor dem Geschäft warte ich draußen. Es soll ja schließlich eine Überraschung für mich sein. Die Modellbahn muss mit Batterie fahren, Strom haben wir nicht. Nach geraumer Zeit kommt Mutter mit einem mir riesig erscheinenden Karton heraus, der aber schon wegen des Überraschungseffekts von Weihnachtspapier umschlossen ist. Sie hat also die Eisenbahn. Das wird das schönste Weihnachtsfest in meinem bisherigen Leben!

Den Tannenbaum haben wir seit einigen Tagen vorn auf Deck stehen. Vater holte ihn abends aus einem Wäldchen mit der Axt. Nun wartet er geduldig auf seine Beförderung zum Christbaum. Die Tanne ist nicht ganz so groß. Vielleicht ungefähr so wie Vater. Er misst einen Meter sechsundsechzig. Das ist eine Größe, die fast bis zur Decke der Kajüte reicht. Mit einer Spitze bekommt die Tanne dann noch ein majestätisches Aussehen. An ihren Zweigen werden glitzernde Kugeln und kleine Gehänge aus Schokolade und Fondant befestigt. Rote Kerzen und bunte Kugeln. Lametta und Engelshaar lassen die grünen Zweige fast verschwinden. Eigentlich ist er mit Baumschmuck überladen. Aber Mutter findet das schön. Es ist eine Erinnerung an ihre eigene Kindheit.

Beim Schmücken erzählt sie ihrem Jungen von den früheren Weihnachtsfesten, die sie erlebt hat. Damals in der elterlichen Wohnung in Altona. Dort gab es sogar ein besonderes Zimmer, das man nur Weihnachten benutzte. An den normalen Tagen blieb es verschlossen. Dann waren die Möbel mit Tüchern abgedeckt als Schutz vor Staub. Zu Weihnachten aber stand dort ein wunderschöner Tannenbaum, der bis zur Zimmerdecke reichte. Auch er war über und über mit Kugeln, Lametta und Engelshaar und vor allem mit süßen Kringeln geschmückt. Alle Familienmitglieder warteten vor der Schiebetür bis Vater Thorn mit einer kleinen goldenen Glocke läutete und mit seiner Frau „ihr Kinderlein kommet" anstimmte. Erst dann durfte Mutter mit ihrem Bruder Bodo und mit Toni, der angeblichen Tante, das weihnachtliche Zimmer betreten. Die Geschenke lagen schon unter dem Baum und warteten darauf ausgepackt zu werden. Mutter bekam eine Puppe mit erstaunt blickenden Glasaugen, weichen blonden Haaren, die zu Zöpfen geflochten waren und einem kunstvoll gefertigten festlichen Kleid. Der Bruder freute sich über eine Dampfmaschine mit Zubehörteilen. Tante Toni bekam praktische Dinge, wie ein neue Bluse oder Strickjacke. Und auch die Eltern fanden für sich die eine oder andere Kleinigkeit unter dem Baum, worüber sie sich von Herzen freuten. Es waren für meine zurückdenkende Mutter die festlichsten und erfülltesten Stunden ihres Lebens. Bis zum zwölften Januar, Mutters Geburtstag, durfte der Weihnachtsbaum stehen bleiben. Dann erst wurde geplündert. Diesen Brauch hat Mutter auch noch auf dem Bodo-Schiff beibehalten. Jedes Jahr sagt sie wieder: „Mein Bruder Bodo und ich hatten eine wunderschöne Kindheit. Leider wurde alles anders, als wir unsere Mutter verloren."

An diesem Weihnachtsfest nun ist Vater nachmittags noch unterwegs. Es gibt immer einen Grund, warum Vater nicht bei seiner Familie ist, wie andere Väter. Entweder muss er noch mal schnell zur Reederei, zur Bank oder ein Ersatzteil für den Motor besorgen. Zum Beispiel kann in den unpassendsten Momenten die Ölpumpe undicht werden. Dann muss er versuchen, in einer Werkstatt oder Eisenhandlung einen passenden Dichtungsring zu bekommen. Vater beschreibt diese Aktion so, als würde davon der Fortbestand der Welt abhängen. Jedenfalls unserer kleinen Welt. „Wir haben nach Weihnachten dazu keine Zeit mehr. Wir müssen doch fahrtüchtig sein. Das Schiff ist unsere Existenz. Glaubt ihr, mir macht das alles Spaß" Er schaut bedrückt drein.

Bei solcher väterlichen Aktion zur Erhaltung der Existenz besteht dann allerdings die Gefahr, dass er einen anderen Schiffer trifft, den er von irgendwoher kennt, und er kennt fast alle Schiffer. Dann kehrt er auch Heiligabend mit seinem Duz-Freund noch eben auf ein Bier ein. Manchmal auch auf ein Bier und ein Korn. Das Spielchen „auf einem Bein kann man nicht stehen" und „noch eine Runde, so jung kommen wir nicht wieder zusammen" beginnt. Ein verhängnisvolles Spiel. Leider kann es heute aber nicht bis zum traurigen Ende (oftmals Delirium) gespielt werden, denn am Heiligabend schließen die Kneipen früher. Auch die Wirtsleute wollen gern mit ihrer Familie feiern.

Gerade als die Glocken von den Kirchtürmen Moabits zu den Gottesdiensten läuten, kommt Vater die Straße entlang geschwankt. Er trägt zwei Einkaufsnetze, die ebenfalls stark in Bewegung sind und ihn beim Gehen behindern. Für den Weihnachtseinkauf ist er zuständig, denn zum Fest muss was Vernünftiges auf den Tisch. Schweinebraten und Kartoffeln oder für jeden ein großes Eisbein, das gehört einfach dazu. So freuen wir uns, dass er endlich wieder da ist und sogar an unser Festessen gedacht hat. Das, glaub ich, Mutter wohl ganz entfallen war. Nun berührt sie zärtlich seine ausgekühlten Wangen. Er schmunzelt nur, wie meistens bei Zärtlichkeiten und sagt: „Na, ihr habt wohl schon lange gewartet. Ich bin noch aufgehalten worden. Was glaubt ihr, es ist gar nicht so einfach, heute einen Dichtungsring zu kriegen." „Hast du denn einen?", fragt Mutter. „Ja, ja, aber ich habe auf einmal solchen Durst bekommen und bin noch ein Bier trinken gegangen." Er hat schon die Bildzeitung auf dem Küchentisch, über den vom vielen Brotschneiden zerschnittenen Wachstuchrest ausgebreitet und blickt konzentriert auf die dortigen Bilder und Buchstaben.

Dieses Weihnachtsfest ist mir dank der Modelleisenbahn von Fleischmann in Erinnerung geblieben. Der Braten schmort im Backofen und Vater, der nach Schnaps riecht, baut mit mir vor dem Tannenbaum einen Schienenkreis auf. Es sind nicht übermäßig viele Schienen. Wir müssen sparsam und überlegt aufbauen. Denn ich habe ja nur einen Elementarkasten. Doch ich bin stolz auf die Lok mit den drei grünen Personenwagen und den Transformator, der mit der Batterie verbunden ist, weil wir doch keinen elektrischen Strom haben. Übrigens, die Fleischmannbahn gibt es noch lange. Als ich schon im Heim bin, spielen die Kinder von Karl-Heinz damit. Habe ich später erfahren.

Der Schlepperkapitän

Vor der Schleuse in Datteln gibt es einen Anleger für Schlepper. Das sind damals noch richtige Dampfer mit rauchenden Schornsteinen. Wenn sie ihr Signal an die Schleppkähne weitergeben, die darauf warten, ihre Reise fortzusetzen, steigt Dampf aus der Pfeife und der ihn begleitende dumpfe Ton erregt Aufmerksamkeit.

Datteln ist für uns so etwas wie ein fester Begriff für Anhalten, Stadt, Einkaufen, Spazierengehen. Nachmittags oder abends vielleicht sogar Kino. Das ist die positive Aufzählung. Aber es gibt auch eine negative: Schulbehörde, Runterholen vom Schiff, Angst vor Trennung von den Eltern (insbesondere von Mutter), Kinderheim. Das sind die Gedanken bei Datteln, in meinen Jahren zwischen zehn und dreizehn. Um nicht als Schulschwänzer aufzufallen, mache ich mich, wenn wir an Land gehen, gern älter. Kämme die Haare wie ein in die Jahre gekommener Jugendlicher und vermeide jeden Anschein von Kindlichkeit. Bald wirke ich dann auch wie ein etwas zu zart geratener Schiffsjunge, für den schon länger der Ernst des Lebens begonnen hat. Eine weitere Befürchtung, die ich mit Datteln verbinde, besteht in der Möglichkeit, dass Vater nach der viertägigen Reise von Berlin Durst und Lust zum Kneipengehen bekommen hat. Und er gleich nach unserer Ankunft auf dem Weg zur Reederei mit anderen Schiffern „versackt", wie Mutter sich gern ausdrückt. Meistens hat sie mit dieser Prophezeiung Recht. Sie kennt eben ihren Mann. Er macht sich, wenn wir nachmittags festgemacht haben, mit seinen Papieren auf den Weg. Es wird acht, es wird neun. Mutter wird immer unruhiger. Ich auch.

Hoffentlich müssen wir nicht gleich wieder los, um ihn in den Kneipen zu suchen. Ich habe mich gerade gut beschäftigt. Vielleicht die Eisenbahn aufgebaut oder meine Micky-Maus-Hefte herausgeholt und sortiert, von denen ich seit 1951 fast alle besitze. Denn ich bin ein großer Fan von Walt Disneys Micky Maus vom ersten Heft an. Das habe ich damals zufällig in der Auslage eines Zeitungsgeschäftes in Hamburg entdeckt. Die bunte Titelseite gefiel mir so gut, dass ich Mutter festhielt und so lange jammerte, bis ich das Heft für 50 Pfennig kaufen durfte. Es ist ein dauernder Kampf, wenn ich mich für etwas begeistere, was Geld kostet. Dann lasse ich aber nicht locker. Immer wieder fange ich davon an zu erzählen. Beschreibe das Objekt meiner Begierde zuerst Mutter. Sie ist darin verständnisvoller und großzügiger als Vater, der knauseriger ist, wenn es um etwas geht, das er für nicht notwendig hält. Dann muss ich auch ihn überzeugen. Eine schier aussichtslose Aufgabe. „Es ist so schön und so wichtig für mich. Wenn ich es bekomme, dann …"

Ja, was ist dann eigentlich? „Dann bin ich glücklich. So glücklich wie noch nie." Das ist kaum ein überzeugender Grund für Vater. „Aber Junge, wo denkst du hin. Das kostet doch viel Geld." „ Junge", sagt Vater meistens, wenn er mich anredet. Beim Vornamen nennt er mich kaum. „Junge" oder wenn er über mich mit Mutter spricht, „der Junge". Er lässt sich meistens nicht erweichen. Meine kindlichen Argumente sind für ihn keine. Und ob er mich glücklich sieht, ist für ihn auch kein Grund.

Doch ich weiß, dass Mutter mir den Wunsch erfüllen wird, wenn sie Geld hat. Irgendwann wird sie Vater, wenn er bezecht ist, etwas aus dem Portemonnaie nehmen. „Ein paar Mark", wie sie gern sagt. „Der Olle darf ja nicht alles Geld für sich behalten." Ich bekomme so schließlich doch die kleine Sache meines Herzens. Den Filmprojektor für Kinder zum Beispiel. Das ist ein winziger Kasten mit Glühbirne, Batterie und Kurbel. Damit kann man einen kurzen Filmstreifen vor der Lichtquelle durch schnelles oder langsames Kurbeln vorbeiziehen lassen, so dass sich die Figuren wie lebendig auf einer Projektionsfläche bewegen. Das klappt an der hellen Wand eines alten Schuhkartons, den ich als Miniaturkino eingerichtet habe, sogar mit Pappsitzen für meine Minisoldaten aus der Wundertüte. Dort erscheinen die Kinobilder, die kurze, aus wenigen Szenen bestehende Geschichten und Märchen erzählen. Immer wieder gern spiele ich mit diesem Schuhkarton-Lichtspieltheater Kinomann. Das möchte ich einmal werden. Zum Binnenschiffer habe ich keine Lust.

Aber in Datteln gibt es auch ein richtiges Kino. Dort läuft gerade, als ich mit Mutter hingehe: „Der Untergang der Titanic" Doch ich muss dann wieder beim Untergehen des Schiffes und vor dem grausamen Ertrinken der Hauptdarsteller mit Mutter vorzeitig die Vorstellung verlassen. „Mir wird wieder schlecht. Es kribbelt schon in den Fingern" Wir gehen an die frische Luft. Dort geht es mir schnell wieder gut.

Aber ich möchte vom Schlepperkapitän erzählen. Also vor der Schleuse liegen viele Schlepper. Für die Kapitäne, die ihre Familie irgendwo zu Hause haben, ist es langweilig, wenn die Schleuse geschlossen ist und kein Bedarf zum Schleppen besteht. Sie sitzen dann mit anderen Schiffern in der Kneipe, spielen am Automaten, kloppen Skat, rauchen, reden und vertreiben sich die Zeit. Vater schaut dort gern auch mal zum Bierchen vorbei. Manchmal bekommt er dann auch Hunger, „Kohldampf", wie er sagt und genehmigt sich eine Bockwurst oder Gulaschsuppe. Dann kommt Manni: „Bist du nicht der Heine vom Bodo? „Ja, wer bist du noch mal?" „Ich bin Manni vom Bugsier VII. Wir haben doch hier schon mal ein Bierchen zusammen getrunken. Seit wann bist du in Datteln, Heine?" „Gerade angekommen. Will schnell noch mal telefonieren und eine Kleinigkeit essen." „Gut, trinkst einen mit?" „Ja, ich muss die Papiere noch abgeben." „Das kannst du immer noch machen. Für einen Lütten hast du wohl noch Zeit." Vater setzt sich zum Schlepperkapitän an die Theke. Es wird sieben. Die Reederei hat Feierabend gemacht. „Na, morgen ist auch noch ein Tag." Es wird acht, es wird neun. Vater ist immer noch nicht da. Nun zieht Mutter mit mir los. „Heini suchen." Sie kennt schon die einschlägigen Kneipen in der Nähe der Schleuse. Da hält sich ihr Mann gern auf, das weiß sie. Sie hat den richtigen Riecher. Da sitzt er doch. Redet laut und gestenreich am Tresen. Wir stoßen ihn von hinten an, um kein großes Gewese zu machen. Er sieht uns mit fröhlichen, etwas vom Alkohol funkelnden Augen an. „Na ihr? Da seid ihr ja. Wir trinken alle noch einen! "Nita, was trinkst du? Likör? Für den Jungen einen Sprudel, Herr Wirt! Den trinkst du doch?" Und zum Nachbarn, der versonnen den Schein der Lampe in seinem Glas betrachtet . „Das ist meine Frau Anita mit dem Jungen." Manni von Bugsier VII rutscht höflich einen Hocker weiter und macht so für Mutter Platz. Ich bin zu klein für die Theke und setze mich in der Nähe allein an einen Tisch.

Die Musikbox spielt den Schlager „das war nur der Bossa Nova". Der Rauch von Zigaretten, Zigarren und Pfeifen brennt in den Augen. Mutter bekommt gleich noch einen Likör nachgeschenkt. Ich stelle mich zu ihr, zögernd, zaghaft. Habe Hunger.

Sie haben nicht viel. Hier wird mehr getrunken als gegessen. Bockwurst mit Brot oder Gulaschsuppe. Auch mit Brot, wenn man will. „Von der Suppe wird dir doch immer schlecht", sagt Mutter. „Komm, iss eine Wurst", sagt Vater. Ich bekomme eine Polnische mit viel Senf und einer Weißbrotscheibe. Schnell und lieblos heiß gemacht. Die Pelle ist hart. Die Wirtin steht vor der Durchreiche. Ein grobes gutmütiges Frauengesicht, das sich freut, wenn's dem Kleinen schmeckt. Alle reden miteinander, doch es hört sich durcheinander an. Dazu dröhnt die Musik. Man kann auch tanzen. Zwei, drei Paare versuchen, trotz der durch Alkohol bedingten Schwankungen, mit dem Rhythmus aus dem Lautsprecher Schritt zu halten. Wange an Wange. Große Hände auf breiten Taillen. Frauenlachen. Zu grell, um anziehend zu sein. Ich spiele mit Bierdeckeln. „Dortmunder Union", kann ich entziffern. Das steht auch über der Theke und am Kneipeneingang. Auf den Gläsern ebenfalls. So vergeht die Zeit.

Bald drauf werde ich müde und will nach Hause. Doch die Erwachsenen reden weiter. An Schlafen ist wohl noch lange nicht zu denken. Vater drückt Mama an sich. Es ist zu rau und heftig, um liebevoll zu sein. Ihr Kopftuch ist herunter gerutscht. Sie lässt es um den Hals baumeln, wie die Cowboys in den Filmen. Plötzlich und für sie unerwartet, reißt er seine Frau vom Barhocker. Die Musik ist schneller geworden. Er zerrt die Verdutzte in die Mitte der Tanzfläche, schiebt, stößt und schleift sie, in einem nur wage der Musik angepassten Rhythmus, im Kreis herum. Dabei brüllt er gegen die überlaute Beschallung in den Saal: „ Da staunt ihr, was? Ich hab mal den ersten Preis beim Tanzen gewonnen. Ja, tanzen, da macht mir keiner was vor." Er dreht noch einige Runden mit Mutter, die zu lächeln versucht, aber nur wie eine Strohpuppe in seinen Armen hin und her fliegt. Als die Musik aufhört, schleudert er sie von sich. Dabei verliert sie das Gleichgewicht und stößt gegen Stühle und Tische. Ist durch den Aufprall ganz benommen und scheint sich arg gestoßen zu haben. Vater stört das nicht.

„Du Hure, du, da geh doch zu ihm hin. Na, geh schon, mach, dass du wegkommst." Das ruft er im Moment, als er sie, wie ein bösartiges Insekt von sich weg schleudert. In Richtung Manni von Bugsier VII, der jetzt nicht mehr in Gedanken versunken an der Theke sitzt und dem Treiben auf der Tanzfläche zusieht. Alle und auch er sind plötzlich auf Vater und Mutter aufmerksam geworden. Was wird das geben?

Der Kapitän fühlt sich verpflichtet, Vater ins Gewissen zu reden. Immerhin ist er doch sein Trinkkamerad: „Was soll das, Heine? Wie gehst du denn mit deiner kleinen Frau um? Was soll euer Sohn denn von euch denken? Bist du nicht ganz richtig im Kopf oder besoffen oder was?" Er steht vom Hocker auf und geht auf Vater zu. Fasst ihn am Kragen und schüttelt ihn. Mutter ist schon wieder aufgestanden. „Was hab ich denn gemacht, Heini?" Sie bekommt einen erneuten Stoß. „Das fragst du noch, du Luder." Er reißt an ihrer Bluse. Einige Knöpfe fallen auf den Boden. Es herrscht betretene Stille im Lokal. Ich stelle mich neben Mutter und versuche ihre Hand anzufassen. Der Wirt als Hausherr, bemüht sich zu schlichten: „Kommt, macht euren Zwist zu Hause aus. Hier sind noch andere Gäste" Mutter ist still geworden. Gegen Vaters Eifersucht kommt sie nicht an. Nachdem er mehrmals zugeschlagen hat, hebt sie ihre Hand, um ihr Gesicht zu schützen und wohl auch meine Kinderseele. Er gibt ihr trotzdem mehrere schnelle Ohrfeigen, dass es knallt. „Heinrich, Heinrich, du sollst dich was schämen. Das tut ein Ehrenmann nicht", sagt der Wirt scharf. Ich bin dem Weinen nahe und gehe verstört zur Tür. Vater stößt Mutter nach draußen.

Aber der Streit ist noch nicht zu Ende. Zu Hause auf dem Bodo-Schiff wird Vater weiter schlagen in seiner Ohnmacht und seinem verletzten Stolz. Wir rennen davon, lassen ihn zurück in seinem Rausch, in dem er nur noch zuschlagen kann.

Plötzlich steht er da. Mutters Beschützer vom Schlepper VII, der Mann von der Theke. Vater ist nicht mehr zu sehen. Er ist wieder zurück in die Kneipe gewankt. „Wollt ihr beide mit zu mir kommen?", fragt der Schiffer. Er deutet in Richtung Hafen. „Ich liege gleich vorn am Pier." Er beugt sich zu Mutter, hält ihr schon angeschwollenes Gesicht in seinen Händen. Sagt etwas. Ich stehe abseits. Abwartend, misstrauisch und doch hoffe ich auf eine warme Stube und ein Bett. Was will der fremde Mann von meiner Mutter?

In der Nacht sehen die Schleppdampfer mit ihren Aufbauten und Schornsteinen wie dunkle Festungen aus. Wir gehen an Bord. Der ritterliche Kapitän öffnet die Tür zur Kajüte und knipst Licht an. Es ist solider und sauberer als bei uns. Auf die Schnelle schmiert er mir ein Marmeladenbrot. Mutter ist still, die ganze Zeit. Sie ist wohl ebenfalls ziemlich müde. Hat ja auch mit Vater und mir einen anstrengenden Tag gehabt.

Dann gehen wir alle zu Bett. Ich soll ein Einzelbett ganz für mich allein bekommen. Mutter soll mit dem Kapitän in einem Bett schlafen. Das hat er sich so gedacht. Ist wohl so üblich. Ich kenne das nicht. Mutter beschwichtigt mich. Ich schlaf ja sonst auch mit ihr zusammen. Warum soll das hier anders sein? Ich bin dem Weinen nahe. Der sonst so nette Abschleppkapitän ist plötzlich genervt: „Kinder in deinem Alter gehören allein ins Bett", sagt er hart und bestimmt. Etwas weicher: „Du bist doch schon ein großer Junge." Ich sage nichts. Wie kommt der Mann nur dazu, mit mir in dieser Art zu sprechen, als wenn er mein Vater wäre?

Und Mutter sagt nichts dazu. Ich bin noch gar nicht groß. Außerdem soll Mutter nicht mit diesem fremden Mann in einem Bett schlafen. Das tut sie in letzter Zeit mit Vater ja auch nicht. Ich bin müde und eingeschüchtert. Außerdem wehrt sich Mutter nicht stark genug dagegen. Vielleicht findet sie es sogar richtig. Aber Mutter gehört ja zu uns, zu mir und Vater. Wir sind doch eine Familie. Doch Vater hat ja getrunken. Dann ist es wohl was anderes. Dann ist das hier ein Notfall. Mutter schläft bei diesem Mann, weil sie Angst hat, dass Vater ihr was tut. Dieser fremde Kapitän beschützt sie - vor Vater. Doch mir tut Vater nichts. Wenn er seinen Rausch ausgeschlafen hat, ist er wieder nett. „Ein herzensguter Mann", wie Mutter immer sagt. Und auch die anderen. die ihn kennen: Tante Hilde, Tante Erna und auch viele Schiffer. „Heine", sagen sie „ist ein herzensguter Mensch. Er kann keiner Fliege was zu Leide tun. Nur wenn er getrunken hat, dann ist er wie vom Teufel besessen. Das macht alles der Alkohol. Wenn du erwachsen bist, werde nie so wie dein Vater. Trinke nie oder nur mit Maßen." Dann fügen die familiären Mahntanten meistens leiser hinzu: „Heine kann nicht nein sagen. Er ist zu gutmütig. Ach, ist das alles ein Jammer." Dabei schauen sie zum Himmel und wenden sich wieder ihren eigenen Dingen zu. So denken sie über Vater. Mir aber tut Vater nichts. Zum Jungen ist er gut. Für ihn bin ich nur der Junge. Kaum sagt er Bodo. Bodo ist für ihn das Schiff.

Der Mensch und Sohn Bodo dagegen ist für ihn der Junge. Und dann spricht er noch dazu von mir gern in der dritten Person anderen gegenüber: „Der Junge soll nicht schon wieder Bilderbücher angucken oder Romane lesen. Er nennt alles Lesbare, was nicht Zeitung ist, Romane. „Er soll mal herkommen. Ich brauche einen Lappen. Da ist was im Maschinenraum umgekippt." Oder er braucht einen Schraubenzieher oder Hammer. Dann spricht er genauso. Der Junge – das ist für ihn ein Schiffsjunge, eine Arbeitskraft, ein Handlanger. Jemand, der für ihn springt, so wie er für seinen eigenen Vater wohl auch springen musste. Trotzdem möchte ich, dass es auch auf dem Schlepper diese Nacht so ist, wie bei uns auf dem Bodo-Schiff: Mutter und ich teilen sich das Bett und der Mann schläft allein.

Doch ich füge mich den Gegebenheiten. Ich spüre, dass die Welt meiner Eltern und mir nicht so beschaffen ist, dass man sie zum Maßstab machen kann. In der Außenwelt gehören Mann und Frau zusammen, in unserer Welt Mutter und Sohn. Denn der Sohn ist schutzlos und fürchtet sich ohne die Nähe der Mutter. Mutter aber braucht auch den Sohn. Dann schlafe ich ein. Die Müdigkeit fordert ihren Tribut.

Als ich aufwache, scheint schon die Sonne durch das Oberlicht. Mutter schläft noch. Sie liegt still auf der Seite, mit von mir abgewandtem Gesicht.

Auch der Schlepperkapitän ist noch nicht wach.

Beide teilen sich die Bettdecke. Ich kenne das Wort Hure für Frauen, die sich für Geld mit fremden Männern einlassen. Ist meine Mutter nun eine Hure? Geld hat sie nicht genommen. Aber ein Bett hat sie bekommen, und ich auch. Im Hotel hätte sie dafür was bezahlen müssen. Hier ist es umsonst. Doch ihr Bett muss sie mit einem fremden Mann teilen. Ist das die Bedingung, der Preis?

Nach dem Aufwachen, zieht sie sich schnell an. Es gibt nur einen kurzen Wortwechsel zwischen ihr und dem Gastgeber. Dann nimmt sie mich in ihre Arme, küsst mich länger als sonst, hilft mir beim Anziehen. Wir verlassen den Schlepper. Als wir nach Hause auf das Bodo-Schiff kommen, schläft Vater. In der Kajüte ist es dämmerig und muffig und stinkt nach Fusel. Mutter zieht ihr Zeug gar nicht aus, dreht sich nur im Bett auf die Seite und schläft rasch ein. Ich liege wie gewohnt neben ihr, mache mich ganz dünn, damit sie nicht aufwacht und schaue auf die brüchig gewordene Farbe an der Decke.

Die Freundin

In einer Spandauer Kneipe hat man sich kennen gelernt. Almut ist noch jung. Sie sitzt verlassen oder sitzen gelassen vor ihrem Bier. Nicht Vater wird auf sie aufmerksam, sondern Mutter. Die geht an ihren Tisch und fragt, ob sie sie zu einem weiteren Bier oder zu einer Limonade einladen darf. Die Frau schaut erstaunt, dann nickt sie. Ihr frisches Gesicht ist von längeren gelockten blonden Haaren eingerahmt. Es drückt Neugier auf Leben aus. Ich sitze neben Vater auf einem Stuhl. Beide Frauen unterhalten sich bald so, als kennen sie sich jahrelang. Ab und zu schaue ich zu Mutter rüber. Hingehen mag ich nicht, denn fremden Leuten gegenüber bin ich schüchtern.

Bald kommt Mutter zu uns. Wie am Schlepp zieht sie Almut hinter sich her. Vater unterhält sich mit dem Wirt und dreht sich nun zu Mutter um. Die sagt: „Das ist meine neue Freundin Almut." Aus Almuts Blick kann man die Worte erraten. „Soweit ist es mit uns noch nicht. Und ein plötzlicher Glanz auf ihrem Gesicht korrigiert zugleich: „Aber was nicht ist, kann ja noch werden." Mutter hat ab und zu mal geäußert, dass sie sich vorstellen kann, auch für Frauen Zärtlichkeit zu empfinden. In ihrer ungefilterten Ausdrucksweise auch gegenüber ihrem Sohn hat sie dann gesagt: „Dann bin ich wohl bi. Frauen sind zarter und einfühlsamer als Männer."

Vater will Mutters angebliche „andere Seite"
nicht wahrhaben. Obwohl sie früher ja einige Jahre mit einer Frau zusammengelebt hat. Das war
wohl mehr als nur eine Wohngemeinschaft. Sie
spricht mit liebevoller Vertrautheit von dieser
alten Freundschaft, die plötzlich in die Brüche
gegangen ist. Denn es war ein Mann auf der Bild-
fläche erschienen; der sich in Mutter verliebt hat.

Er spricht die junge mädchenhafte Frau mit den
verträumten Augen in einem Hamburger Lokal am
Alten Steinweg an. Nimmt sie bald mit auf sein
Zimmer. Später dann auch auf die Schute Karl-
Heinz. Mutter sagt: Er habe sie manchmal stun-
denlang beim Schlafen angeschaut. Zuerst habe
sie Angst vor Vater gehabt, dann aber Vertrauen
gefasst und ebenfalls Liebe empfunden. In der
Seele tiefer verstanden fühle sie sich aber oftmals
vom eigenen Geschlecht.

Nun sagt er zu Almut: „Komm, setz dich zu uns."
Er duzt die junge Frau. Sie lässt es geschehen. Sie
weiß wohl nicht wohin. Deshalb kommt sie mit auf
das Bodo-Schiff. „Sie soll auf den Jungen aufpassen und aufräumen, wenn du Essen machst", sagt
Vater. Damit hat er der Mädchenfrau eine Aufgabe zugewiesen.

Almut ist nett, noch selbst halb Kind. Aber so richtig spielen, kann sie mit mir nicht. Überhaupt bin
ich es gewohnt, mit Mutter allein zusammen zu

sein und akzeptiere ihre neue Liebe nicht. Sie fährt auf dem Bodo-Schiff bis Hamburg mit. Lebt drei oder vier Tage mit uns in der Kajüte. Hilft Mutter und mir beim Mittagkochen, hört mit uns Radio, während Vater im Steuerhaus seinen Aufgaben nachgeht. Wo sie schläft? Wohl im Bett von Mutter und mir, wobei wir beide zu Vater ins Bett krabbeln und uns mit ihm den schmalen Platz teilen. Ob sich Almut und Mutter näher gekommen sind? Ich habe davon nichts bemerkt. Nur dass es Mutter guttut, neben Vater und mir noch eine Freundin zu haben.

Vater wird dann doch eifersüchtig. „Almut muss gehen." Er spricht damit das aus, was ich auch denke. Es geht so nicht weiter. Mutter ist nicht mehr wie früher. Sie ist auch für mich nicht mehr so da wie sonst. Emotional ist sie zu sehr mit der anderen Frau beschäftigt. Vater und ich sind bei ihr abgemeldet. Als er wieder einmal - vielleicht auch aus Kummer – betrunken ist, beginnt er Almut zu beschimpfen und will sie fortjagen. Als sie nicht gleich darauf reagiert, steigert sich seine Wut zum Zorn. Er bedroht sie und will sie schlagen. Mutter kommt dazwischen und kämpft wie eine Raubkatze um ihr Junges.

Almut will nach dieser Auseinandersetzung nicht mehr bei uns bleiben. Sie hat kein Geld für die Rückfahrt nach Berlin. Vater bezahlt ihr den Bus. Mutter fällt der Abschied schwer. Für sie hat das

Leben durch Almut wieder etwas Farbe bekommen. Als unser Gast fort ist, freue ich mich, dass ich wieder in meinem Bett schlafen kann. Besser gesagt: In Mutters und meinem.

Die Atomkugel

Früher ist mir an ihr nichts Sonderbares aufgefallen. Sie war eben nur meine Mutter, die ich lieb habe und mein nächster Mensch. Und einen Vergleich mit den Müttern anderer Kinder habe ich nicht gehabt. Doch dann kommt die Zeit, wo sie anders wird.

Kaum hat das Schiff angelegt, zieht sie sich schon den Mantel an und springt von Bord. Ich muss dabei aufpassen, dass ich überhaupt mitkomme. Dann geht es zu Fuß wie getrieben durch die Stadt oder Landschaft. Fast immer gehen wir nebeneinander, Seite an Seite. Hat sie früher dabei erzählt und mit mir gesprochen, so ist sie nun still und in sich gekehrt. Wie ein Soldat im Feindesland auf der Hut vor Partisanen. Ich spüre die Veränderung ihres Wesens und versuche sie abzulenken, indem ich irgendwas Belangloses frage oder, wenn sie mir zu eisig und verschlossen vorkommt, einfach ihre Hand nehme und drücke. Die bleibt nun kalt und angespannt. In solchen Situationen fühle ich mich allein. Ich habe Mutter wohl verloren. Sie ist da und doch auch wieder nicht. Mutter, wo bist du?

Wir gehen auf einer Landstraße im Westfälischen. Stille liegt in der Luft. Unser Gehen ist forsch. Soldatenschritt. Mutter steigert noch die Geschwindigkeit. Ich muss viele kleine schnelle Schritte machen, um ihr Tempo zu halten. Sehe die Wolken langsam die Sonne freigeben. Eine große, fast mondartige Sonnenscheibe, die so gut zu sehen ist, weil ihre helle Strahlung durch Wolkenreste, Dunst und Hochnebel gedämpft wird. „Guck mal, Mama, da ist die Sonne." Wir nähern uns Strommasten, deren schwankende Drähte den Kanal in großer Höhe überspannen. Man hört das stetige Summen der hohen elektrischen Spannung. Die helle Sonnenscheibe steht über den Masten wie ein durch Wolkenschwaden verdeckter Zugang zu einer unbekannten Welt. „Geh nicht so schnell, Mama, wir müssen ja noch zurück." Das Bodo-Schiff liegt an einer Schleuse. Sonntags sind keine Schleusungen. Sonntagsruhe, auch für die Schiffer. Mutter hört nicht. Sie beschleunigt nur noch ihre Schritte. Jetzt ist es bald ein Laufen.

Ihre Angst scheint groß und für sie bedrohlich. „Lass uns bloß schnell von hier fort. Da ist die Atomkugel. Sie hören mich wieder ab. Lass uns hier fort! Sie haben wieder ihre Apparate an." Sie befreit ihre Hand heftig aus meiner kindlichen Umklammerung und läuft schneller und schneller. Ich renne hinterher, bin aus der Puste, habe Mühe nachzukommen. Sie darf doch nicht ohne mich fortlaufen.

In der Zeitung ist das Atomium der Brüsseler Weltausstellung abgebildet. Alles was es gibt, besteht aus Atomen. Aus kleinsten Teilen, die man nicht sieht, die aber trotzdem da sind. Was Mutter sagt, wirkt auf mich beängstigend zusammenhanglos. Wer soll uns denn wohl abhören und warum? Was hat das alles mit Atom zu tun? Das ist doch Quatsch, was sie da redet.

Ich widerspreche, lehne mich auf. Aber sie ist um Antwort nicht verlegen: „Na, die Russen und Amerikaner natürlich. Die drücken auf ihre Knöpfe und dann quälen sie mich, und ich bekomme Kopfschmerzen." Ihre Stimme klingt fremd und feindselig. Sie bleibt stehen und sieht mich durchdringend an. „Vielleicht bist du ja auch einer von ihnen und sie haben mir meinen richtigen Sohn schon genommen. Ja, so wird es sein, du sollst mich dazu bringen, dass ich zu ihnen gehe und dann quälen sie mich." Ich versuche erneut ihre Hand zu fassen, sie zu beschwichtigen. „ Mama, ich bin doch kein Amerikaner oder Russe, ich bin doch Bodo, dein Sohn." Sie zögert, entzieht mir langsam ihre Hand. „Woher soll ich das wissen", sagt sie auf einmal im nüchternen Ton. „Sie können alles nachmachen. Ich muss aufpassen und vorsichtig sein."

Langsam sind wir zum Schiff zurückgekommen. In der Kajüte wird sie allmählich wieder die alte. Der Himmel ist auch anders geworden. Eine dicke Wolkenschicht hat die Sonne nun ganz verdeckt.
Es wird   Regen geben. Vater hat im Laderaum gestrichen. „Da seid ihr ja endlich", sagt er, „ihr seid auch immer unterwegs." Er hat Kartoffeln

aufgesetzt. Es gibt Bratkartoffeln. Wir haben ja noch nichts gegessen. Danach helfen wir Vater im Maschinenraum. Die Ölpumpe ist mal wieder nicht in Ordnung, und einer muss die Taschenlampe halten, damit er sieht, was los ist.

Peinlichkeiten

Das Bodo-Schiff fährt in die Hindenburgschleuse ein. Betonwände, von unzähligen Schleusungen feucht und glitschig. Haken zum Festmachen in langen Reihen. Schnell wird vorn der Draht aufgehängt. Dadurch kommt das Schiff einigermaßen zur Ruhe. Wenn alle Fahrzeuge in der Kammer sind, werden die Tore geschlossen. Dann steigt stetig der Wasserstand. Man muss den Draht immer wieder schnell einen weiteren Haken höher hängen. Einige Geschicklichkeit ist gefragt. Der Schiffsführer aber darf auch nicht schlafen. Er muss mit laufendem Motor das am Heck nicht festgemachte Schiff in Balance halten.

Mutter hat heute keinen guten Tag. Vielleicht hat sie sich mit Vater gekabbelt. Sich dann zum Trost ein, zwei oder drei Likörchen eingeschenkt, um ihre Unzufriedenheit und innere Spannung auszuhalten. Jedenfalls beginnt sie noch im hallenden Tal der Schleuse „Hurenbock" und „Kinderschänder" zu schreien. Diese wütenden Rufe werden mit dem Hämmern der Motoren, dem Lecken der Schleusentore und den lauten Stimmen zusammen zu einem Echobrei verstärkt.

Wir stehen vorn am Bug. Ich habe Schutzhandschuhe über die Kinderhände gestreift und warte auf Vaters Anweisungen aus dem Steuerhaus, die Öse der Trosse an einem erreichbaren Haken aufzuhängen und den Draht mehrmals um den Poller zu wickeln. Ihn lange genug zu fieren, damit das beladene Schiff langsam und nicht zu abrupt zum Stillstand kommt. Dabei bin ich angespannt. Was damit zu tun hat, dass Vater mich immer wieder warnt, beim Nachfieren mit den Händen nicht zu nahe an den Poller zu kommen. Manch ein Bootsmann hat sich dabei schon die Finger oder sogar die ganze Hand abgeklemmt.

Auf Mutters Hilfe kann ich heute nicht hoffen. Sie nimmt wohl an Vater Rache und ruft, ohne an ihre Arbeit zu denken, die Mauern hinauf: „Hört alle mal her! Mein Mann Heini liebt kleine Jungs und ist ein Kinderschänder! "

Der Schleusenmeister aber scheint das, was Mutter sagt, nicht zu verstehen oder zu überhören. Er fragt nur sachlich nach Registernummer, Länge, Breite und Tonnage des Bodo-Schiffes. Ich übernehme den Part des normal Antwortenden: „H 4961, 47,5 Meter Länge und 5,5 Meter Breite. Wir haben eine Tonnage von 307 Tonnen, kommen von Berlin und wollen nach Dortmund." Ich weiß, dass man auch noch den Bestimmungsort der Ladung mit nennen muss. Mit Anstieg des Wassers kommen wir näher an den Fragenden heran. Der nimmt sich Zeit beim Notieren. Es sind heute weniger Schiffe, die von ihm erfasst werden müssen. Schließlich ruft er: „Schiffer, kommen Sie gleich noch kurz zum Unterschreiben." Er nennt uns einfach Schiffer. Ich bin ein bisschen stolz, dass er auch mich damit meint. Mich, den elfjährigen Jungen mit den fettigen, dünnen Haaren. Ich schäme mich wegen Mutter, weil sie geschrien hat. Wegen Vater, weil er zu schwach ist, es zu verhindern.

Mutter aber sucht weiter nach einem Podium für die Verkündigung ihrer herabsetzenden Botschaften über Vater. Sie findet es im Steuerhaus, deren Fenster aufgeklappt sind wegen der besseren Verständigung mit dem vorderen Teil des Schiffes. „Mein Mann Heini ist ein Schwein. Er liebt kleine Jungs und ist ein Kinderschänder."

Jetzt ist das Maß für Vater voll. Er wird nun ebenfalls laut: „Blödes Weib, was schreist du da für einen Quatsch in die Gegend? Sei endlich still." Er stößt sie nach unten in die Kajüte. Der Schleusenmeister schaut überrascht. „Mutter ist ein bisschen komisch, das hat nichts zu bedeuten", nehme ich Vater in Schutz. Der Beamte geht weiterhin auf den Vorfall nicht ein. Das Bodo-Schiff muss nun auch die Schleuse räumen. „Wer unterschreibt denn nun?" „Das mache ich schnell." Ich springe auf die Mauer. Nehme den Blei des Schleusenmeisters und schreibe mit ungeübter Hand: K- r- ü- g- e- r. Habe ich auch keinen Buchstaben vergessen? Ich buchstabiere lieber noch mal nach. Wie die Buchstaben genau geschrieben werden, weiß ich gar nicht. Habe nur oft Vaters Unterschrift gesehen und versuche sie nachzuahmen. Der Schleusenmeister nimmt das Formular wieder an sich ohne draufzuschauen. „Dann wünsche ich euch weiterhin gute Fahrt, Bodo ", sagt er knapp. Für ihn sind wir einfach nur ein Schiff. Alles andere geht ihn nichts an.

Langsam im Konvoi der anderen Schiffe fahren wir aus der Schleuse. Mutter ist in der Kajüte und lallt was vor sich hin. Bald wird sie sich beruhigt haben. Hoffentlich!

Mutter kann nicht sprechen

„Mama, aufstehen, es ist schon nach neun." Sie reagiert nicht. Sonst ist immer halb neun unsere gemeinsame Aufstehzeit, während Vater schon losgefahren ist. Das Bodo-Schiff im Kanal losmachen und abfahren, kann er auch ohne uns. Schon länger beschäftigt er keinen Bootsmann mehr. Der beste war Alfred, danach haben die Leute häufig gewechselt. Vater lässt an ihnen kein gutes Haar. Er findet alle faul und unzuverlässig. Dann entschließt er sich, Mutter als seinen Bootsmann zu beschäftigen.

An diesem Morgen aber rührt sich Mutter nicht. Sie hat Schaum vor dem Mund, als habe sie sich nach einem Bier den Bart nicht richtig abgewischt. Ihre Augen sind weit geöffnet und starren an die Decke. Sie sagt nichts. Lässt sich von mir rütteln und schütteln wie eine Strohpuppe. Das alles ist seltsam. Ich laufe im Schlafanzug zu Vater, der am Steuer steht. Er stoppt erst mal die Maschine. Dann muss ich für ihn das Ruder halten. Das Bodo-Schiff hat noch einige Fahrt drauf. Gleitet aber ohne Antrieb immer langsamer durch das Kanalwasser. Vater geht mal schnell in die Kajüte. Kommt aber gleich wieder raus und ist blass. „Ich weiß auch nicht, was mit ihr los ist. Am besten wir halten an und rufen einen Arzt." Dann sucht er für sein Schiff einen Anlegeplatz an einer Spundwand. Am Ufer stehen nur wenige Häuser.

Nach dem Festmachen gehe ich wieder zu Mutter. Sie beginnt sich nun zu bewegen. Setzt sich, wie vom Schlaf benommen, auf die Bettkante und versucht, sich anzuziehen. Zuerst die Hose und über das Nachthemd eine Strickjacke. Ihr ist kalt. Es hat niemand Feuer gemacht. Sie spricht noch immer nicht. Jede Bewegung wirkt unnatürlich verlangsamt, als habe sie keine Kontrolle über ihre Glieder. Vater telefoniert in einem der Häuser nach einem Arzt. In der Zwischenzeit kümmert er sich um seine Frau. Mutter soll das aufschreiben, was sie nicht sagen kann. Das bringt auch nicht viel. Sie schaut Zettel und Kugelschreiber an, wie etwas, das sie zum ersten Mal sieht. Für den eingetroffenen Arzt und auch für uns ein Zeichen, dass es ernster ist. Allerdings ist sie schon wieder auf den Beinen und räumt die Teller vom Tisch. So als habe sie vergessen, dass alle um sie herumstehen und sie beobachten. „Geht es Ihnen gut, Frau Krüger?", fragt der Arzt. Langsam bewegt sie den Kopf und nickt etwas. Also, es geht wohl. Damit ist Mutter für Vater wieder in Ordnung. Für den Doktor ebenfalls. Er muss in seine Praxis zurück. Seine Patienten warten schon. Mutter soll sich in den nächsten Tagen von einem Nervenarzt untersuchen lassen. Er sei ja kein Facharzt, könne aber versichern, dass bei ihr keine akute Lebensgefahr bestehe. Etwas unbeholfen springt der Doktor von den unsicheren Planken des Bodo-Schiffes.

Vater ruft zu mir nach vorn: „Leggo!", was so viel heißt, wie „Leinen los!". Mit aller Kraft schwenke ich den Draht ein paar Mal hin und her. Dann springt die Schlaufe vom Poller. Ich hole ihn ein und lege ihn zu einer runden Form an Deck übereinander. Das Schiff tuckert los.

Mutter steht, als sei nichts geschehen, im Steuerhaus und schaut immer noch auf den Zettel, den Vater ihr gegeben hat. Den Kugelschreiber hält sie achtlos in der Hand wie eine Träumende. Nun hat Vater einen neuen Einfall: Wenn sie schon nicht schreiben kann, kann sie vielleicht rechnen. „Anita, wie viel sind zwei und zwei?" Sie schaut ins Leere, was wir als Ratlosigkeit deuten. „Verstehst du nicht, zwei **und** zwei." Jetzt scheint sie zu begreifen. „Richtig vier. Siehst du, das kannst du doch." Es folgt eine schwierigere Aufgabe. Auch hier stimmt nach einigem Nachdenken die Lösung. Vater freut sich. „Das kommt schon alles wieder." Tröstet er mehr sich als seine Frau. Er weiß auch, woher die Krankheit kommt: „Vielleicht hast du dir gestern an den sauren Gurken den Magen verdorben."

Tucker, Tucker, tuck, hämmert der Motor. Immer wieder Tucker, Tucker, tuck. Die Nachhut der Bugwelle hinterlässt kleinere Wellchen am Ufer, die über Steine und Grünzeug springen. Mutter hat bei Vaters Theorie von den Gurken das Gesicht zu einem leichten Grinsen verzogen. Ob sie wohl „Quatsch!" denkt?

In Datteln geht sie zum Nervenarzt. Allerdings stellt der auch nichts fest. Irgendwann hört sie Stimmen. Die reden ihr ein, dass ihr Leben auf dem Schiff in Gefahr sei, und dass es gefährlich ist, wenn sie länger mit Vater zusammenbleibt. Vater wird eines Tages sagen: „Seitdem sie die Sprache verloren hat, ist sie nicht mehr ganz richtig im Kopf." Ich werde das auch sagen, solange ich Kind bin. Später werde ich sagen: „Sie hat Schizophrenie" und mir damit vieles erklären, was bei Mutter anders ist als bei anderen. Als die Krankheit bei ihr mit zweiundvierzig ausbricht, sind es noch stattliche achtunddreißig Jahre, die sie seit dieser „kleinen Auffälligkeit" mit dem Nicht-sprechen-können vor sich hat. Die meiste Zeit davon verbringt sie in psychiatrischen Kliniken. Wird durch Medikamente ruhig gestellt und zeigt kaum noch Gefühle wie Freude oder Traurigkeit. Doch als damals Vater das mit den Gurken sagte, da konnte sie noch lächeln und vielleicht „Quatsch!" denken.

Das Leck

Ein anderes, nicht weniger schwieriges Problem, beschäftigt uns außerdem noch: Das Bodo-Schiff hat ein Leck! Wir vermuten es irgendwo im Laderaum unterhalb der Wasserkante. Das Lenzwasser hat eine milchige Farbe, was durch das gelöste Kalisalz kommt, das wir geladen haben. Wie kann das Leck wohl entstanden sein?

Wahrscheinlich haben wir bei der Begegnung mit einem anderen Schiff den Kanalgrund an der schrägen Böschung gestreift. Das entgegenkommende Fahrzeug war tief beladen und hatte dadurch eine größere Wasserverdrängung. Der Wasserstand im Kanalbett reichte deshalb für uns eine ganz kurze Zeit nicht mehr aus. Ein plötzlich berührter spitzer Stein kann dann schon ausreichen, um den Schiffsrumpf zu beschädigen. In diesem Zusammenhang erinnern wir eine Schiffsbegegnung vor wenigen Stunden, wo wir meinten, ein scharrendes Geräusch gehört zu haben, das aus dem tieferen Teil des Bodo-Schiffes zu kommen schien. Dabei waren wir zwar im Moment erschrocken, dachten aber dann doch, es sei alles gutgegangen.

Unser Schiff hat ja schon viel ausgehalten. Zahlreiche Fahrten als Frachtdampfer auf der Oder, der Havel und der Elbe. Den ganzen Umbau in Travemünde, wo man es sogar auf das Land gezogen hatte, um Schiffsrumpf und -boden gründlich zu inspizieren. Damals war man zufrieden, von einigen dünnen Stellen abgesehen, auf die einfach eine neue Eisenplatte draufgeschweißt wurde. Sollte sich vielleicht eine Schweißnaht von damals gelöst haben? So etwas kommt immer mal wieder vor.

Die Schlagseite wird stärker. Und das gerade auf der Fahrt, als Mutter nicht sprechen kann und Schaum vor dem Mund hat. Auch Vater ist noch nicht ganz wieder in Ordnung von der letzten Zechtour in Berlin. Nach solchen Exzessen ist er mehrere Tage kleinlaut und jammert herum: „Mir ist so schlecht. Wie kann einem nur so schlecht sein? Mit mir ist nichts mehr los!". Vor diesem auch in psychischer Hinsicht deprimierenden Hintergrund haben wir unsere Fahrt durch den Mittellandkanal unterbrochen. In der Küche rutschen nämlich schon Teller, Tassen, Töpfe und Kannen unaufhaltsam auf die gefährdete Steuerbordseite.

Vater telefoniert mit der Reederei. Er befürchtet ein Kentern. Das würde die Kaliladung in den Kanal spülen. Was auch damals schon, obwohl das Umweltbewusstsein noch nicht so stark ausgeprägt ist, eine große Schweinerei für Fische und Wassertiere und sicher auch für das Grundwasser bedeuten würde. Ganz abgesehen von dem Verlust der Ladung selbst, die ja Vater zur gewissenhaften Beförderung von den Kaliwerken anvertraut worden ist. Außerdem ist auch noch bei ihm

Angst mit im Spiel, weil es sich bei dem Bodo-Schiff um unsere einzige Wohnung handelt. So muss schnell gehandelt werden, denn ein voll Wasser gelaufenes Schiff wartet mit dem Umkippen oder auf Grund laufen nicht lange. Die Reederei macht den Vorschlag, einen Taucher vom Wasserstraßenbauamt kommen zu lassen. Vater – dankbar für jedes Mitdenken und Mitfühlen in dieser brenzligen Situation – greift diesen Vorschlag gern auf.

Bald darauf steigt ein Taucher mit schwerem Helm, Beatmungsschläuchen und Bleischuhen in die Tiefe des Kanals und sucht den Schiffsbauch nach der undichten Stelle ab. Ziemlich schnell findet er das Leck. Es wird in spontaner Aktion ein Holzpfropfen zurechtgeschnitten, mit einem Lappen umwickelt und unter Wasser in das Loch gedrückt. Das nasse Holz quillt auf und das Leck ist erst einmal abgedichtet. Die Lenzpumpe sorgt für das Entfernen des restlichen Wassers aus dem Laderaum, und das Bodo-Schiff kommt allmählich wieder ins Gleichgewicht. Die Leinen werden gelöst und tuckernd wird die Reise fortgesetzt

Nach dem Entladen in einem nahe gelegenen Kanalhafen ist dann auch der Wasserdruck von außen nicht mehr so stark, so dass Vater Zeit hat, sich in Ruhe eine Schiffswerft für die endgültige Reparatur zu suchen. Mutter rechnet derweil wei-

ter ihre Zahlenreihen und kommt mit dem Unter-
einanderschreiben immer wieder durcheinander.
Die Suche nach ihrem Handikap steht noch aus.
Beim Schiff weiß man wenigstens schon Bescheid.
Heute glaube ich, ihr Problem hatte auch etwas
mit dem Bodo-Schiff zu tun.

Vater im Kino

„Toni sagt: Kino bildet", verkündet Mutter. Toni heißt eigentlich Antonie und ist ihre Halbschwester. Sie ist siebzehn Jahre älter und hat sich von einer Verkäuferin zur Direktrice in einem großen Kaufhaus hochgearbeitet. Später dann heiratet sie sogar den Bürgermeister einer mitteldeutschen Stadt. Toni genießt bei Mutter unbedingte Autorität als ältere Schwester, die wohl auch schon früher immer mal gesagt hat, wo es im Leben für die kleine Nita längs gehen soll.

Toni sagt auch: „Man muss sich möglichst oft die Hände waschen." Und: „Wie du kommst gegangen, so wirst du empfangen". Das alles sagt Toni. Sie ist also das Person gewordene Über-Ich meiner Mutter. Und damit hat sie auch Einfluss auf mich, ihrem kleinen Neffen. Obwohl ich sie erst mit 23 Jahren persönlich kennen lernen werde. Aber ich höre schon viel früher ihre Worte aus dem Mund meiner Mutter, wie das unabänderliche Gesetz einer höheren Instanz. Was Toni einmal gesagt hat, das ist Lebensweisheit pur und nichts davon darf vergessen werden.

So erfüllen Mutter und ich Tonis Bildungsauftrag: Wir gehen, wenn das Schiff irgendwo angelegt hat, ein oder mehrere Male ins Kino. Es gibt Cowboyfilme, Liebesfilme und Abenteuerfilme. Es gibt Schauspieler wie John Wayne, Stewart Granger, Humphrey Bogart. Es gibt Musikfilme mit Vico

Torriani und Catharina Valente oder gefühlvolle Streifen mit der jungen Romy Schneider, die es auch in dem Film „Wenn der weiße Flieder wieder blüht" nicht leicht hat und nur einige Jahre älter ist als ich. Kino, das ist das Fenster zur großen Welt und zu den tieferen Gefühlen. Es beruhigt, dass auch berühmte und reiche Leute diese Gefühle haben und sie mit uns ärmeren, wenn auch nur im Film, teilen. Alle diese Streifen helfen Mutter und mir, den harten und oft trostlosen Alltag auf dem Bodo-Schiff zu überstehen und mal - wenn auch nur für circa zwei Stunden - zu vergessen.

Aber als Kind und Jugendlicher darf man nicht in jeden Film. Erst ab sechs Jahren kann man überhaupt an solchem Sehgenuss teilhaben. Ich erinnere mich in dieser Phase nur noch an die Zeichentrickfilme mit Micky Maus, Donald und Tom und Jerry. Die liefen unter anderem mit Wochenschauen und belehrenden Kulturfilmen in den Aktualitätenkinos, kurz Aki genannt, an den Hauptbahnhöfen größerer Städte. Hier ist zu jeder Zeit Einlass und man kann bleiben, solange man will. Der Eintritt beträgt nur fünfzig Pfennig. Dafür kann man sich das ganze Programm mehrmals anschauen. Was mir großen Spaß macht. Mutter und ich haben sich im Aki oft die Zeit vertrieben, wenn Vater angetrunken an Bord erwartet wurde, und wir Angst vor ihm hatten.

Nach dieser kindgemäßeren Kategorie der Filmeinteilung, folgt dann die nächsthöhere Stufe mit zwölf Jahren. Die Filme ab dieser Altersgruppe sind erheblich interessanter. Deshalb versuche ich auch bei den Kartenabreißern zu mogeln. Ich mache mich älter als ich bin, indem ich übertrieben aufrecht und gemessen gehe, ja fast schreite und dazu ein ernstes Gesicht aufsetze. Manchmal schaffe ich es, auf diese Weise durch die Sperre zu kommen, obwohl ich erst zehn Jahre alt bin. Aber das Schummeln ist für mich ganz schöner Stress. Ich befürchte dabei nämlich, dass der Kartenabreißer mir auf die Schliche kommt und schlimmstenfalls sagt: „Darf ich mal deinen Ausweis sehen." Dann wäre ich ertappt, bekäme einen hochroten Kopf und wäre wohl am liebsten im Erdboden versunken. Doch glücklicherweise wird meistens nicht nach dem Alter gefragt. Sicher auch, weil Mutter immer an meiner Seite bleibt. Ich darf mich also im Sinne Tante Tonis bilden und von den Filmen, mit ihren offensichtlichen oder versteckten Lebensweisheiten lernen.

Es ist nicht übertrieben, wenn ich bekenne, dass auch in meiner späteren Jugend zu 75% die Kraft meiner Lebensbewältigung aus Filmen kommt. Dort spielt oft ein Held die Hauptrolle, der sich nicht unterkriegen lässt. Er wird zwar vom Leben hart geprüft. Aber wenn man ein Held ist, rafft man sich wieder auf. Man liegt zwar manchmal im Staub und Dreck, hineingestoßen oder selbst hineingefallen. Irgendwann aber hat man seine Stunde. Erhebt sich wieder, um strahlender als zuvor, seine Sache, die selbstverständlich eine gute ist, zu vertreten. Dabei geht es in diesen mich ansprechenden Filmen meistens um Wahrheit und Gerechtigkeit, denen der Held zum Durchbruch verhilft. Oder auch um Liebe, die nach einigem Hin und Her, dann doch zum Schluss siegt.

Vater hat kein Interesse an dieser Flimmerwelt. Er sagt: „Ich will lieber in Wirklichkeit etwas erleben. Nicht nur auf der Leinwand vorgespielt. Wenn ich eine Frau sehen will, dann hab ich nichts davon, wenn ich sie nur im Film sehe. Dann gehe ich schon lieber ins Varieté, dort treten richtige Weiber auf und schwingen ihre Beine" So ist eben Vater. Er gibt sich gern als Realist. Lehnt Gott, Glauben und Kirche aus ähnlichen Gründen ab, wie den Film.

„Wo willst du mal beerdigt werden?", frage ich ihn bei meinem letzten Besuch kurz vor seinem Tod. Vater denkt nicht lange nach: "Wenn ich nicht mehr bin, könnt ihr mich auf einen Misthaufen schmeißen." Ich erschrecke. Das kann man doch nicht machen. Das hat kein Mensch verdient. Für Vater aber ist das Thema mit dieser barschen Antwort erledigt. Als ich ihm erzähle, dass ich Theologie studieren will, fragt er mich: „Wo hast du das denn her mit dem Glauben? Etwa von Mama? Ja, die hält viel von der Kirche. Das hat die von ihrem Vater. Der hat immer fromme Sprüche geklopft. Meine Eltern haben gesagt: ‚Wir glauben an das, was wir sehen und was wir anfassen können', das ist auch meine Meinung. Das andere haben alles die Pfaffen erfunden, um die Menschen zu verdummen." So denkt Vater.

Nun aber sitzt er doch mit Mutter und mir im Kino. Wir sehen einen Eisrevuefilm mit Sonja Henie. Schönes Kino mit breiter Leinwand. Ich freue mich, weil Vater endlich mal mitgekommen ist. Diesmal hat er keine Ausrede gehabt. Auf dem Weg zum Kino hakt Mutter sich bei ihm ein. Beide gehen wie ein Liebespaar, das haben sie schon lange nicht mehr getan. Vater will keine Bonbons. „Die ziehen die Zähne raus." Ich sitze zwischen beiden. Mutter schaut ihren Mann ab und zu von der Seite an. Sie ist genauso ungläubig wie ich, dass er sich hat breitschlagen lassen, mit ins Kino zu gehen. „Es gibt erst einen Vorfilm. Nicht, dass du denkst, das ist schon der Hauptfilm", kläre ich ihn auf. „Aha"

Dann kommt endlich der sehnlich erwartete Hauptfilm. Was für ein schönes großes Bild! Sonja Henie sieht aus wie ein exotischer Vogel auf Schlittschuhen. Sie ist von Männern mit Fracks und Zylindern umgeben, die ebenfalls gute Eiskunstläufer sind. Alle bewegen sich zu einer beschwingten Filmmusik.

Ich drehe meinen Kopf zu Vater rum, weil ich seit einiger Zeit ein zufriedenes Schnarchen aus seiner Richtung höre. Er sitzt entspannt im Kinosessel mit dem Kopf auf der Brust und schläft. Es ist warm und heimelig im Filmtheater. So gemütlich hat er es nicht in der Kajüte auf dem Bodo-Schiff. „Schiet", denke ich. „Nun hat er den schönen Film nicht mitgekriegt." Ich bin enttäuscht und stoße ihn in die Seite. Sein Schnarchen macht mich wütend. Es ist einfach nur peinlich. Auch gegenüber den anderen Zuschauern. Mutter achtet nicht auf Vater. Der Film hat sie gefangengenommen. Eine gute Eigenschaft, wie ich finde. Sie ist ein Augenmensch und lässt sich von Filmen aus der eigenen engen Welt hinaus tragen. Ich bin ein bisschen stolz, dass ich das von ihr geerbt habe.

Für Vater allerdings bringt der Film nichts. Wie ein abgearbeiteter Gaul schläft er sofort ein bei Ruhe und Wärme. „Eiskunstlaufen, was soll das überhaupt, und was hab ich als Schiffer damit zu tun?", denkt er. „Und dann laufen sie noch nicht mal in Wirklichkeit, sondern nur auf Zelluloid." Bei solcher mangelnden Motivation bringt auch jedes Anstoßen nichts. Bald gebe ich es auf. Soll er doch weiterschlafen. Mutter und ich haben unsere Freude an dieser schönen Eisrevue-Welt. Als wir am Schluss im Strom der Menge nach draußen gehen, sagt Vater nur: „Ich bin auf einmal so müde geworden. Es war auch eine Bullenhitze da drin, dass ihr das ausgehalten habt."

Eisenschrott

Im Nachkriegsberlin gibt es an den Spreeufern viele Schrottplätze. Es liegen dort zusammengepresste Schrottpakete zu Halden aufgetürmt zwischen Autowracks und Altmetallteilen herum. Alteisen steht damals hoch im Kurs. Es ist ein begehrtes Handelsobjekt.

Diese Schrottplätze sind ehemalige abgeräumte Ruinengrundstücke, die nun für diesen Zweck genutzt werden. Abtransportiert und in den Westen verfrachtet, wird die eiserne Ware mit Binnenschiffen von der Flussseite aus. Doch Anfang der fünfziger Jahre ist es für die Schiffer immer auch ein Risiko, eine Ladung Eisenschrott zur Beförderung anzunehmen. Aber auch bei ihnen lockt wie bei vielen Menschen der Ertrag. Die Fracht ist ziemlich hoch. Und das hat seinen Grund in den besonderen Umständen, die darin liegen, dass es gar nicht so einfach ist mit dem eisernen Frachtgut, das Schrott genannt wird, durch die Ostzone gelassen zu werden.

Die Ost-Behörden vermuten nämlich, dass anderes verbotenes Zeug, sogenannte Schmuggelware, zwischen den Schrottteilen versteckt wird, was dann bei der Fahrt durch die Sowjetische Besatzungszone irgendwo heimlich ausgeladen und verkauft werden könnte. So manches Binnenschiff erreicht mit seiner eisernen Fracht leider oftmals nicht seinen Bestimmungshafen. Der irgendwo in

Westdeutschland, häufig im Ruhrgebiet liegt, sondern wird an der Zonengrenze festgehalten und nicht selten wieder nach Berlin zurückgeschickt. Wobei die Schiffsleute vom Zoll dazu angehalten werden, die Schrottladung erst einmal umzupacken, damit der Laderaum besser durchsucht werden kann, Eine sinnlose Knochenarbeit unter Bewachung, die starke Nerven, viel Kraft und gute Arbeitshandschuhe benötigt und Tage, manchmal sogar Wochen dauert. Von der Angst vor weiteren Schikanen und dem Knappwerden des Proviants bei längerem Aufenthalt einmal ganz abgesehen. Solange man an der Grenze festgehalten wird, darf man das Schiff nämlich nicht verlassen. Es kommt aber auch vor, dass der ganze Aufwand nichts nützt und das Schiff trotzdem wieder nach Berlin zurückfahren muss. Vieles ist an dieser Grenze eben recht willkürlich.

Wie auch die Geschichte, die ich mit sieben oder acht Jahren bei einer ostzonalen Zollkontrolle auf der Elbe erlebt habe. Dort verstand man ebenfalls keinen Spaß. Als die Grenzer mich ein Micky-Maus-Heft durchblättern sahen, nahmen sie es mir einfach weg mit den Worten: „Das ist beschlagnahmt." Sie hielten diese Art von Comic für amerikanische Propaganda. Und wollten verhindern, dass es im Osten verschenkt oder verkauft wird.

Zurückgeschickt mit einer vollen Schrottladung, liegt das Bodo-Schiff in meiner Erinnerung an einem Schrottplatz an der Spree in Charlottenburg.

Der Ostzoll hat die Ladung nicht passieren lassen. Sie muss also ausgeladen und neu zusammengestellt werden, damit man die Fahrt erneut riskieren kann. Natürlich braucht man dazu eine starke positive Einstellung, dass man mit einem neuen Arrangement der Schrottladung nun auch wirklich durchgelassen wird. Also wird die Ladung von Vater und zwei Helfern, die der Schrotthändler zur Verfügung gestellt hat, noch einmal gründlich nach allem durchforstet, was an der Grenze nach menschlichem Ermessen Anstoß erregen könnte. Das dauert alles ganz schön lange.

Den Abend nutzen Vater, Mutter und ich für einen Landgang. Es ist ein starker frostiger Winter, und wir haben uns alle warm angezogen. Wahrscheinlich sind wir bei Tante Hilde und Familie, die ganz in der Nähe, nämlich in der Huttenstraße wohnen. Als wir zurückkommen, ist es spät nachts. Der Platz liegt hinter einer grauen Steinmauer, die über und über mit Plakaten beklebt ist. Einige Anschläge sind abgerissen und hängen nass und zerfetzt herunter. Durch das Licht der Gaslaternen schimmert der Schnee und lässt mich frösteln. Auch die Straße ist um diese Zeit menschenleer. Wir stehen vor dem abgeschlossenen Eisentor, dem Zugang zum Schrottplatz und zu unserem Bodo-Schiff. Hinter der Mauer rührt sich nichts.

Vater bekommt nach einigen vergeblichen Versuchen das Tor endlich mit dem alten angerosteten Schlüssel auf, den er sich für den Landgang beim Schrotthändler ausgeliehen hat. Wir schlüpfen hindurch. Ich gehe ein bisschen voraus über das mit gewaltigen Schrotthalden bedeckte Gelände. Freue mich auf unsere Kajüte, die sicher noch warm vom langen Heizen am Tage ist.

Plötzlich höre ich Schritte aus der Ferne eilig näher kommen und lautes ungehaltenes Gebell, das nichts Gutes ahnen lässt. Eine Bulldogge! Alle Winkel des Platzes werden wie ein Gefängnishof von grellen Scheinwerfern erfasst. Das Licht soll Diebe sichtbar machen und abschrecken. Ängstlich laufe ich zu den Eltern zurück. Die sind schon stehen geblieben, weil der Hund direkt auf uns zu gerannt kommt. Ein Wachmann folgt zügig seinem vorlaufenden Begleiter und ruft außer Atem: „Wer da?" „Stehenbleiben! Sofort!" Dann pfeift er sein Tier mit einem grellen Ton zurück. Als wir vor ihm stehen, hält er die Dogge am Halsband kurz. Die Gefahr ist vorerst gebannt. „Wir sind Schiffer vom Motorschiff Bodo. Wir sind in der Stadt gewesen. Wir wollen wieder zurück an Bord", sagt Vater mit etwas unterdrückter Aufregung. Das rote Gesicht des Nachtwächters steckt tief in einer Pelzmütze. „Ihr hättet was sagen müssen", entgegnet der etwas knurrig. „Hier treibt sich viel Gesindel rum. Der Hund ist scharf und passt gut auf." „Nächstes Mal wissen wir Bescheid", sagt Vater. Er geht mit mir weiter über den erleuchteten Platz auf das Bodo-Schiff zu. Ich halte seine Hand fester als sonst und fühle mich diesmal bei ihm sicher. Mutter ist dicht hinter uns. Der Nachtwächter muss seinen Hund immer noch stramm festhalten. Er wartet bis wir das Schiff betreten haben. Dann setzt er seine Runde fort. Hat er nicht nach Fusel gestunken?

Um Diebe abzuschrecken, gehen nachts Wächter mit Hunden herum. In gewissen Abständen müssen sie Zeituhren stecken, um nachzuweisen, dass sie auch wirklich ihre Strecke abgegangen sind und sich nicht nur eine ruhige Nacht beim Zeitunglesen, Rätselraten oder sogar mit einer Flasche Bier gegönnt haben. Das kleine Abenteuer mit der Bulldogge war ein Nervenkitzel. Seit dieser Erfahrung bin ich misstrauisch, wenn mir ein größerer Hund begegnet. Man kann ja nie wissen.

Aber es gibt noch einen anderen Nervenkitzel: Es ist ein Mord passiert. Ich habe meine erste Leiche gesehen. Allerdings verpackt. Die Besitzerin einer Wäscherei wird tot aufgefunden. Wir geben unsere Wäsche zum Waschen, weil wir keine Ruffel an Bord haben. Außerdem will Mutter auch nicht alles mit der Hand waschen und sich dabei die Finger aufreißen.

Heute, als wir unser Wäschepaket abholen wollen, ist die Polizei im Wäschereigeschäft. Ich sehe die

Beamten durch die Fensterscheibe, wie sie überall herumgehen, miteinander sprechen und viel in ihren Block schreiben. Auch Fotos werden gemacht. Etwas hat die Form eines Menschen auf der Bahre. Ist straff von einem Leinentuch umwickelt und fertig für den Abtransport. Ich stehe, gucke und Mutter sagt: „Die Wäschereibesitzerin ist ermordet worden." Ich schaue auf das mumienartig verpackte Etwas. Das ist also nun die tote Wäschereibesitzerin. Fast wie ein Wäschepaket wird sie aus ihrem Laden herausgetragen. Schade, sie war nett und lachte oft, wenn wir da waren und unsere Wäsche brachten oder abholten. Und sie sprach auch ein bisschen mit mir, was ich gern mochte.

Heute führt eine gepflegte Uferpromenade dort entlang, wo früher der Schrottplatz lag. Auch die Wohngebiete sind neubebaut. Nun drehen dort Spaziergänger, Radfahrer und Jogger ihre Runden.

Der Ausstieg

Mutter fühlt sich manchmal von Vater bedroht. Besonders wenn er getrunken hat, ist mit ihm nicht gut Kirschen essen. Das fängt oft ganz harmlos an. Beide gehen noch mal auf ein Bier. Der Junge muss mit, voller böser Ahnungen. Er weiß schon, wie es immer endet: in Streit und Weglaufen. Man wird sich die Nacht um die Ohren schlagen, sich vor anderen Menschen bloßstellen.

Nun behauptet Mutter: Vater will sie ermorden, in die eiskalte Havel stoßen

Es ist Nacht. Die Schifferkneipe am Ziegelteich hat um zwei Uhr zugemacht. Eisig kalt ist es. Der Streit findet vor dem Bodo-Schiff statt. Schimpfen, schreien, schlagen. Mama rennt mit mir davon. Wir gehen und gehen durch Eis und Schnee von Spandau nach Wilmersdorf. Dort kennen wir eine Pension. Es ist weit. Busse und Straßenbahnen fahren um diese Zeit nicht mehr. Geld haben wir sowieso keines. Auch für eine Taxe nicht. So gehen wir auf Schusters Rappen über Brücken und ausgestorbene Straßen. Festgetreten ist der Schnee und zu unebenen grauen Platten gefroren. Meine Gummistiefel sind für solches Wetter nicht geeignet, weil sie eine viel zu flache Sohle haben. Für Regenwetter wären sie besser. Ich habe sie auch an Bord an, weil schon lange das Geld für normales Schuhzeug fehlt, und sie für die Arbeit praktisch sind. Mutter trägt die auch oft, fast immer.

Der Nachteil von Gummistiefeln ist nur, dass die Füße darin sehr schwitzen. Sie sind außerdem bald kalt und klamm und durch das Loch in der Sohle auch noch nass, trotz der Strümpfe. Also für lange Wege durch Schnee und Eis nicht geeignet. Meine Manchesterhose ebenfalls nicht. Sie ist an einigen Stellen durchgescheuert, besonders da, wo die Beine aneinander reiben. Eine lange Unterhose, wie Vater, habe ich nicht. Der behält sie fast immer an, sogar nachts im Bett. Was trage ich sonst noch in dieser kalten Berliner Nacht? Wahrscheinlich einen grobmaschigen zu weiten Pullover unter dem mehr für wärmere Tage geeigneten Kindertrenchcoat. Eine Pudelmütze und Handschuhe wohl auch, so dass wenigstens meine Hände warm und vor Kälte geschützt sind.

Beim Gehen, das fast automatisch abläuft, werde ich schläfrig. Die Füße spüre ich kaum noch. Ab und zu veranlasst mich Mutter, stehen zu bleiben und die Arme vor dem Körper hin und her zu schlagen. „Das wärmt", sagt sie. Die Soldaten im Kriegswinter haben das auch gemacht. Ich habe ein Gefühl von Flucht und Todesgefahr. Es geht für mich – für Mutter vielleicht weniger – einfach nur ums Durchhalten. Wobei der Einfall, die uns bekannte Pension aufzusuchen, von mir stammt. Die Ideen, was Mutter und ich in schwierigen Situationen machen können, stammen häufig von mir. Mutter macht sich darüber keine Gedanken. Sie hätte sich irgendwo in den Schnee gelegt, wie ein

Tier ein paar Mal gerollt und wäre bei der Kälte und dem starken Frost sicher bald eingeschlafen und wohl erfroren. Ich weiß, dass ich mich - auch als Kind nicht - auf keinen verlassen kann. Auf Vater nicht und auch auf Mutter nicht.

Schließlich kommen wir bei der Pension an. Klingeln Sturm. Immer und immer wieder. Bis die Besitzerin, verschlafen und im schnell zugebundenen Morgenrock die Tür aufmacht. „Was ist denn los? Warum klingeln Sie denn mitten in der Nacht?" Mutter hat sich sicher vorgestellt. „Frau Krüger mit dem Sohn! Natürlich erinnere ich mich an Sie. Sie sind ja ganz aufgeregt. Was ist denn los?" Mutter sagt: „Ich habe mich mit meinem Mann furchtbar gezankt und weiß nun mit meinem Jungen nicht wohin." „Kommen Sie. Hätten Sie doch vorher angerufen. Wir sind eigentlich belegt. Aber bis morgen früh kann ich Ihnen noch das kleine Doppelzimmer geben." Ein Blick auf das übermüdete Kind überzeugt die Frau, dass es höchste Zeit für die beiden zum Schlafen ist. Da sie Mutters Personalausweis schon bei früheren Übernachtungen gesehen hat und die Durchschrift eines alten Anmeldeformulars wohl noch irgendwo im Ordner liegt, lässt sie uns ohne Formalitäten rein. Sie geht mit schnellen Schritten durch die spärlich beleuchteten Flure voran. Öffnet schließlich ein Zimmer im Souterrain. Dort können wir bleiben. Es ist gut geheizt. Mutter entspannt sich.

Ich versuche mir auf der Bettkante die Stiefel von den eiskalten Füßen zu ziehen. Sie sind richtig festgeklebt. Mutter ist schon eingeschlafen. Sie hat sich gar nicht erst ausgezogen. Sie schläft immer schnell ein.

Ich komme dann doch mit äußerster Kraft selbst aus den Stiefeln raus. Der Strumpf ist hart und gefroren. Er beginnt durch die Zimmerwärme aufzutauen und wird langsam feucht. Als ich ihn vom Fuß streife, sehe ich, dass mein rechter großer Zeh total weiß geworden ist. Wenn ich ihn anfasse, habe ich kein Gefühl in ihm. Das beunruhigt mich. Ich beginne, ihn fast unaufhörlich zu reiben und zu massieren. Mutter schläft, wie gesagt. Ich bekomme Angst, dass es nie wieder gut wird mit meinem Zeh. So versuche ich, Mutter aufzuwecken, um mir Rat zu holen. Doch das ist vollkommen erfolglos. Sie schläft wie ein Stein. Nun kann ich auch nicht mehr wachbleiben. Ich bin so erledigt, dass mich der Schlaf überwältigt, trotz des erfrorenen Zehs. Erschöpft und mit meinem Schicksal allein schlafe ich ein. „Soll es doch kommen, wie es kommt", denke ich. Dann bin ich weg.

Plötzlich werde ich wach. Es ist schon hell. Ein Luftzug streift mich vom Fenster. Beide Flügel sind geöffnet. Kälte dringt ein. Ich will im Halbschlaf rufen: „Mama, mach doch das Fenster zu. Es ist zu kalt." Sie braucht ja immer viel Luft wegen des Asthmas. Doch sie ist gar nicht da. Ihr Bett ist leer.

Die Bettdecke ist einigermaßen ordentlich zurück-
geschlagen. Ihre Anziehsachen liegen nicht mehr
auf dem Stuhl. „Mama, wo bist du?" Im Badezim-
mer ist sie auch nicht. Ich suche das ganze Zimmer
ab. Hat sie sich versteckt? Manchmal macht sie
das und erschreckt so ihren Jungen. „Mama, hör
doch auf mit dem Quatsch!" Ich drehe den ste-
ckenden Schlüssel um und öffne die Zimmertür.
Der Hausflur wirkt leblos und tot.

Ich rufe noch mal. Keine Spur von Mama. Dann
fällt mir ein, dass vielleicht noch andere Gäste
schlafen, und ich rufe leiser: „Mama, komm doch
heraus, zeige dich endlich. Das ist ein dummes
Spiel!" Nichts. Ich schaue erneut aus dem Fenster
und bemerke nun Fußspuren im grauen Schnee.
Sie führen zur Gartenpforte und verlieren sich
dort. Hat Mutter nicht solche Schuhsohlen? Sie ist
also hier gegangen. Fortgelaufen. War das nicht
immer meine Angst? Lief nicht alles darauf hinaus? Musste ich nicht in letzter Zeit immer wieder
aufpassen, dass sie mich mitnimmt, wenn der
Laufzwang über sie kommt? Nun ist es also geschehen. Sie ist weg. Getürmt. Eines ihrer Wörter
für den Zustand, wenn sie etwas nicht mehr aus-
hält und fort muss. Nun bin ich also allein. Davor
habe ich mich gefürchtet.

Wird sie wiederkommen? Ich beiße die Zähne
zusammen und hoffe es mit der Kraft des Verzwei-
felten. Wohin sie wohl gegangen ist? Zu Vater

zurück auf das Bodo-Schiff? Das glaube ich nicht. So früh am Morgen und dann ohne mich. Etwas stimmt nicht mit Mama. Was, weiß ich nicht. Sie ist nicht mehr wie früher. Hat ihren Sohn nie verlassen. Stärker fühle ich, dass ich nun allein auf mich gestellt bin – ohne Mutter und Vater, und dann heule ich los. Diese traurige Erkenntnis verhilft mir dazu, dass ich mich aufraffe. Ich selbst muss dafür sorgen, dass was geschieht. Ich muss auf jeden Fall jemandem Bescheid sagen.

Also klopfe ich bei der Pensionsbesitzerin. Hinter ihrer Tür, auf der Privat steht, ist eine Art Küche. Sie ist noch im Bademantel und nicht allein. Ein Mann putzt sich an der Spüle die Zähne. Er sieht gut aus und macht auf mich Eindruck, weil er eine winzige Zahnbürste in seinem Mund hin- und her bewegt und mehrmals in das Küchenbecken spuckt. Ich putze mir selbst kaum die Zähne. Wenn, dann nur ganz kurz, denn das Zahnfleisch schmerzt bald und sauberes Wasser ist auf dem Bodo-Schiff knapp.

Die Pensionsfrau geht mit meiner Hiobsbotschaft, gelassen um. „Vielleicht kauft deine Mutter nur etwas: eine Zeitung oder Zigaretten." „Das glaub ich nicht, das hätte sie mir gesagt. Außerdem müsste sie dazu nicht durch das Fenster steigen." „Na, setz dich erst mal und frühstücke mit uns. Wir wollen das Haus renovieren und haben ab heute eigentlich geschlossen. Ihr hättet hier also sowieso nicht bleiben können. Doch ihr saht in der Nacht so müde und erschöpft aus und brauchtet wenigstens ein paar Stunden Schlaf." „Ach", sage ich nur. „Mutter und mir wäre sicher schon was anderes eingefallen, wo wir hätten bleiben können." Führe ich den Satz zu Ende. Im Stillen denke ich: Vielleicht wären wir zu Tante Hilde gegangen. Oder für einige Nächte in irgendein Lager. Oder, und das wäre das Vernünftigste gewesen: zu Vater und zum Bodo-Schiff zurück. Aber nun ist ja alles anders gekommen.

Sie lächelt und gießt dem Mann und sich Kaffee ein. Ich bin wieder kurz davor loszuheulen. Doch ich schäme mich vor diesen fremden Leuten. So kaue ich betreten auf meinem Marmeladenbrötchen herum und lasse die Tasse Kakao, die sie mir hingestellt haben, unangerührt. Der Zahnputz-Mann sitzt mir gegenüber und frühstückt auf die Schnelle. Bald darauf steht er auf, küsst die Frau und geht. Ich sage nichts. Aber vielleicht erzähle ich doch, dass Mutter und Vater sich sehr schlimm gezankt haben, und dass Mutter und ich Angst um ihr Leben hatten. Vielleicht sage ich auch, dass Vater mit dem Bodo-Schiff Berlin wohl schon verlassen hat. Wo will er eigentlich hinfahren? Das weiß ich gar nicht. Sicher in den Westen, das heißt Braunschweig, Hannover, Ruhrgebiet.

Als die Pensionsbesitzerin mit dem Frühstück fertig ist, ruft sie bei der Polizei an. Die Beamten kommen schnell. Kurzer Abschied. Plötzlich fällt mir mein Zeh wieder ein. Ich spüre ihn wieder. Es juckt und kribbelt. War wohl nur angefroren. Fahrt mit dem Polizeiauto durch die noch träge, wach werdende Stadt. Man bringt mich in eine Kindersammelstelle, ein sogenanntes Aufnahmeheim. Dort sitze ich in einem Raum mit vielen Tischen und Spielsachen und Frauen mit weißen Schürzen, die alle kurz angebunden sind. Man versucht, Vater zu erreichen. Das ist schwierig, weil er mit dem Bodo-Schiff unterwegs ist. „Wo ist Mutter?" „Man wird deine Mutter schon finden." Die Stunden und Tage rinnen zäh dahin. Später stellt sich heraus, dass es drei Tage waren. Sie erscheinen mir wie eine Ewigkeit.

Am Tage sitze ich im Gruppenraum. Er hat Ähnlichkeit mit einem großen Büro. An der Seite hinter Glas andere kleinere Räume. In einem spielen Kinder, in einem anderen rennen nur welche herum. Babys liegen in winzigen Betten. Nur durch eine Glasscheibe vom Saal getrennt. In einer Ecke sitzen Erwachsene mit weißen Kitteln. Sie sprechen laut und rauchen.

Fast den ganzen Vormittag sitze ich still am Tisch und blättere Bilderbücher durch, wie Illustrierte im Wartezimmer beim Arzt. Die Umgebung gefällt mir nicht. Was soll ich hier, wo ich doch wie ein Erwachsener gelebt habe? Was soll ich mit den Kindern anfangen, die nur immer herumlaufen oder irgendwas spielen. Manche sitzen auch nur apathisch in einer Ecke.

Ich verheimliche den Erwachsenen, dass ich nur wenige einzelne Wörter lesen kann und gar nicht schreiben. Hoffentlich fragt man mich nicht nach dem Einmaleins. Ich bin voller Angst aufzufallen Muss ich nicht weg von meinen Eltern, wenn herauskommt, dass ich nicht zur Schule gehe? Muss ich dann nicht für längere Zeit in ein Heim wie dieses? In eine Kinderaufbewahrungsanstalt. Mit Erwachsenen, die immer nur sagen, was man tun soll und denken, dass Kinder doch nur das Gegenteil von dem machen, was man ihnen sagt. Dass sie frech und aufsässig sind und militärischer Kasernenton, Drohung und Bestrafung den Gehorsam erst erzwingen müssen.

Der Schlafsaal ist mit Betten vollgestellt. In jedem liegt ein Kind. Ich bin nicht sicher, ob es nur Jungen sind. In dem Alter spielt das noch keine Rolle. Jedes dieser Kinder hat mit sich selbst zu tun. Hat seine Sorgen, sein eigenes trauriges kleines Schicksal. Ist entweder von den Eltern weggelaufen oder von der Fürsorge fortgenommen worden, weil die Zustände zu Hause und sein Wohl keine Alternative mehr zulassen. Vor dem Gute-Nacht-Sagen kommt eine Frau im offenen weißen Kittel an jedes Bett. Sie fragt nicht, wie es dir geht, sondern ob du noch Salbe willst. Bejahst du, taucht sie ein Holzstäbchen in einen Nivea-Topf.

Du hältst den Finger hin und bekommst was drauf, das du irgendwie an eine wunde Stelle schmierst.
Ich bin unschlüssig, ob ich was nehmen soll, bis die Frau sagt: „Du hast doch an der Lippe einen Pickel." Ach ja, das ist meine Stelle, die immer wieder kommt, wenn ich traurig bin und nicht weiß, wie es weitergeht. Sind alle mit Salbe versorgt, wird das Licht bis auf eine fahle Notbeleuchtung ausgemacht. Nun versucht jedes Kind einzuschlafen und seine Sorgen bis zum Wecken am nächsten Morgen zu vergessen – wenn es Glück hat.

Nach drei Tagen werde ich entlassen. Vater ist gekommen. Er ist mit dem Bodo-Schiff am frühen Morgen nach dem Streit mit Mutter losgefahren.
Man hat ihn über die Wasserschutzpolizei benachrichtigt. Nun ist er im Polizeipräsidium. Dort bringt man mich hin. Während dieser drei Tage im Kinderheim bekomme ich sogar Besuch: Die Frau von der Pension kommt mit dem Mann, der sich so gründlich die Zähne putzt. Sie will wissen, ob sich schon jemand von meinen Eltern gemeldet hat und schenkt mir eine Tüte Zitronenbonbons. Ich gebe gehorsam Auskunft. „Deine Eltern werden sicher bald kommen", ist ihr Fazit nach dem Motto: „Es wird schon wieder." Dann wissen wir nichts mehr miteinander zu reden. Das hat zur Folge, dass sie sich schnell verabschiedet. Denn sie lebt für ihre Pension und hat selbst keine Kinder.
Bevor sie geht, gibt sie mir einen verschlossenen Umschlag für Vater mit. Es ist die Rechnung für

Mutter und mich: Eine Übernachtung mit zwei Personen und nur einem Frühstück.

Vater ist also gekommen. Endlich! Er hat seinen abgetragenen, schon ziemlich runtergekommenen Anzug an. Ich begrüße ihn kleinlaut und lächle ein wenig scheu, weil ich nicht weiß, ob er noch böse ist, wie in der schlimmen Nacht. Dann aber überwiegt die Freude, dass er da ist. Umarmt habe ich ihn noch nie. Deshalb verzichte ich auch jetzt darauf. „Tag, Vater." „Na, Junge, da bist du ja. Ihr macht aber auch Sachen." Mama und ich bilden für ihn eine Einheit, weil wir viel zusammen unternehmen. Unbeholfen sitzt er vor dem Beamten, kaum begreifend, dass diese Einheit diesmal nicht vorhanden ist, und er nun allein für mich zuständig sein soll. Für ihn eine ungewohnte Situation.

Mutter wird also gesucht. Vater gibt eine Vermisstenanzeige auf. „Das kann dauern", sagt der Mann von der Polizei. „Wie lange?" „Wenn es schnell geht ein, zwei Tage. Aber manchmal dauert es auch länger." Wir schauen betroffen drein. Nach einer Pause sagt Vater zu mir: „Haste schon gegessen, Junge?" Wie sollte ich. Ich hatte nur schnell noch im Heim von einem Brötchen abgebissen. „Na, dann müssen wir was essen. Was isst du denn? Eisbein, Bockwurst oder vielleicht Erbsensuppe?"

Wir gehen zu Aschinger. Da kann man günstig essen. Dann nehmen wir uns ein Zimmer in einer billigen Pension. Wir schlafen im Doppelbett. Vater ist abgearbeitet und atmet bald tief mit rhythmischen Zügen. Ich freue mich, dass ich an seiner Seite liege, einen Vater habe und nicht mehr im Heimschlafsaal mit anderen traurigen Kindern einschlafen muss.

Mutter wird bald von der Polizei aufgegriffen. Sie wird zu uns ins Präsidium gebracht. Sie spricht kein Wort. Ihr Gesicht ist maskenhaft, wie versteinert. „Erkennen Sie ihren Mann und Ihren Sohn, Frau Krüger?", fragt der Beamte. Lange Pause. Dann wir: „Anita!", „Mama! Gut, dass du wieder da bist." Endlich leise, wie aus weiter Ferne: „Das sind ja Heini und Bodo. Mein Mann und mein Sohn." „Na, sehen Sie, Frau Krüger, die haben Sie schon sehr vermisst." Sie weint ohne Laut, nur mit Tränen. Man hatte sie in der Nähe der Sektorengrenze aufgegriffen. Wusste nicht, wer sie ist und wo sie hingehört. Es war kalt. Viele Grade unter null. Sie scheint nur durch ständiges Gehen nicht erfroren zu sein. „Du machst aber auch Sachen, Nita", sagt Vater. Wir fahren alle drei mit dem Zug nach Braunschweig. Dort liegt das Bodo-Schiff und wartet auf uns. Dann geht die Fahrt weiter nach Duisburg, um Kohlen zu laden.

Von Bord ins Heim

Es ist ein sommerlicher Tag im August. Vater ist geschäftlich nach Ruhrort gefahren. Er muss zur Reederei, will aber schnell wieder zurück sein. Nun ist er schon drei Tage weg. Mutter und ich sind mehr ärgerlich als beunruhigt über sein langes Fortbleiben. Von Gelsenkirchen nach Ruhrort ist es kaum mehr als ein Katzensprung. „Er ist wohl wieder versackt", sagt Mutter. Das kennen wir ja schon. Manchmal genießen wir es geradezu, wenn Vater nicht da ist. Wir haben dann unser Reich für uns. Ich spiele auf den Steinen an der Kaimauer.

Dieser schöne Vormittag aber ist trügerisch. Jemand beobachtet mich. Er verhält sich unauffällig. Geht in Abständen an den Lagerhallen entlang. Kehrt am Ende der Hafenstraße aber wieder um und kommt zurück. Dieser Mensch tut so, als warte er auf jemanden. „Was der wohl will?" Unter diesen Umständen habe ich keine Lust mehr zum Spielen und In-der Sonne-sitzen. Ich gehe zu Mama nach unten in die Kajüte, wo ich nicht mehr gesehen werden kann. Von dem geheimnisvollen Fremden erzähle ich ihr im Moment noch nichts. Sonst dreht sie bestimmt durch mit ihren schwachen Nerven. Etwas später klopft es an der Tür. Der Fremde ist auf das Deck gestiegen. „Was wollen Sie?", fragt Mutter. „Ich möchte Heinrich Krüger sprechen." „Der ist nicht da. Ich weiß auch nicht, ob er heute noch zurückkommt", antwortet sie. „Mein Mann ist geschäftlich nach Ruhrort gefahren. Kommen Sie später noch mal vorbei. Vielleicht ist er heute Nachmittag wieder hier." Das wolle er tun, erklärt der Mann. Er sagt nicht, was er von Vater will. Vielleicht ist es ein Zechkumpan, bei dem Vater Schulden hat. Ich lasse mich nicht mehr draußen blicken. Mutter hat mit dem Mann vom Deck aus gesprochen. „Was der wohl will?"

Ich erzähle ihr vom Vormittag. Dass der Fremde mich schon die ganze Zeit beobachtet. „Wir müssen aufpassen, es gibt schlechte Menschen", sagt Mutter. „Wir sind hier nicht mehr sicher. Er kann uns weiter beobachten oder zurückkommen. Auf jeden Fall dürfen wir nicht mehr auf dem Schiff sein, wenn er wiederkommt." Sie packt schnell ihre Lederhandtasche. Auch ich ziehe mich rasch für einen längeren Landgang an.

Mutter hat Recht. Der Fremde ist nur zum Schein weggegangen. Er bleibt in der Nähe des Bodo-Schiffes. Dann kommt er auf einem Motorroller hinter uns her und schneidet uns den Weg ab. „Lassen Sie uns doch in Ruhe. Mein Mann ist noch nicht da", ruft Mutter. Der aufdringliche Fremde zeigt seinen Dienstausweis. Er ist vom Jugendamt. „Bodo muss in die Schule!", sagt er bestimmt. „Warten Sie, bis mein Mann hier ist." Mutter ist nicht auf die Situation eingestellt. Ich auch nicht, obwohl ich schon länger befürchtet habe, dass sie mich mal abholen werden. Nun ist es also so weit.

„Sie haben lange genug Zeit gehabt, um Bodo einzuschulen, Frau Krüger", entgegnet der Behördenmann sachlich und doch vorwurfsvoll. „Ich gebe meinen Sohn nicht her!" Mutter ist verzweifelt. Sie weiß, dass sie unterliegen wird im Kampf mit dem Staat. „Frau Krüger, ich nehme Bodo jetzt mit. Er kommt in die Schule." Der Mann sagt seine Sätze auf wie ein Schauspieler, der eine Rolle einstudiert hat. Mutter wird laut, beginnt zu schreien. „Sie wollen mir mein Kind wegnehmen! Sie entführen meinen Sohn, die Schweine!" Auf der Ladestraße ist über Mittag gerade wenig los. Niemand hört Mutters Rufe. Sie läuft ein paar Schritte vom Motorroller weg. Ich dagegen bleibe stehen.

„Steig auf, Bodo", sagt der Beamte eilig. „Du willst doch zur Schule gehen." „Ja", kommt es fast tonlos aus mir heraus. „Na, dann komm, deine Mutter wird sich schon beruhigen." Ich will zur Schule. Vater und Mutter werden das ja nie auf die Reihe kriegen. Also lasse ich mich mitnehmen, bin ein vernünftiger Junge. Mutter bleibt zurück, weint und schreit weiter: „Sie nehmen mir mein Kind weg, meinen geliebten Jungen."

Nach kurzer Fahrt werde ich in einem Haus mit vergitterten Fenstern abgeliefert. In einem total vollgestellten Raum mit Doppelbetten sitzen einige Jugendliche. Niemand interessiert sich dafür, wer ich bin oder fragt nach dem Grund für mein Kommen. Ich bin einfach ein Neuzugang.

„Willste mitspielen?" Ein paar vertreiben sich die Zeit mit Mensch-ärgere-dich-nicht, andere mit Karten. Ich kann beides nicht. Die Leute mit dem Brettspiel erklären mir mit wenigen mürrischen Worten die Spielregeln. Ich habe Mühe, mich dabei zu konzentrieren, kämpfe immer noch gegen die Tränen an. Außerdem schäme ich mich vor den fremden größeren Jungen zu heulen. Sie sehen aus, als könnten sie es nicht verstehen. Hin und wieder schaut ein Erzieher durch den Türspalt und schließt die Tür immer wieder sorgfältig ab. Es ist ein bullig aussehender Riese.

Wie lange muss ich hier bleiben? Warum sagt mir keiner was? Ich bin doch freiwillig mitgegangen und laufe doch nicht weg. Ich traue mich nicht, den Wärter anzusprechen. Er weiß sicher nichts oder wird mir nichts sagen.

Nach drei Tagen werde ich zu einem Auto geführt. Der Fahrer ist mein „Entführer" vom Bodo-Schiff. Er begrüßt mich kurz, bemüht sich aber diesmal freundlicher zu sein. Endlich ein bekanntes Gesicht. Ich bin etwas erleichtert. „Wir fahren nach Hamburg, in deine Heimat, Bodo." Er sagt das so, als müsse ich mich freuen. Ich sitze im Käfer hinten. Seine Frau beansprucht den Beifahrersitz.

Beide wollen sich wohl noch ein paar schöne gemeinsame Tage gönnen. Vielleicht Planten und Bloom oder den Hafen. Wenn man schon mal da dienstlich hinkommt. Einige Worte werden während der lang dauernden Fahrt über die Landstraßen höflich auch an mich gerichtet. Ich bleibe einsilbig. Ich empfinde, dass das Interesse an mir nicht sehr groß ist. In gewissen Abständen bekomme ich von der Frau was nach hinten gereicht: Äpfel, zusammengeklappte Brotschnitten, Limonade.

Es ist schon Nacht, als wir in Hamburg ankommen. Der „Entführer" kennt sich nicht aus. Wegweiser und Stadtplan werden ständig zu Rate gezogen. Kurz vor Mitternacht hat er endlich das Aufnahmeheim gefunden. Hektisch drückt er mehrfach auf den Klingelknopf. Endlich öffnet eine Frau mit weißer Schürze das Portal. Sie wirkt aufgescheucht und unfreundlich.

Die Verabschiedung von meiner Zwangsfahrgemeinschaft verläuft kurz. „Du kannst mir ja schreiben." Er gibt mir eine Visitenkarte mit Behördenadresse. „ Ich kann nicht schreiben" antworte ich. „Dann hilft dir sicher jemand", entgegnet er knapp. Seine Frau bleibt im Auto sitzen. Die dicke Schürzenfrau nimmt mich rein. Ein repräsentatives Gebäude aus der Vergangenheit Hamburgs. Marmor im Treppenhaus, hohe Räume. „Zieh dich aus. Du bekommst gleich ein Nachthemd." Es ist ein kleineres Zimmer mit zwei Betten. Das leere ist für mich bestimmt, im anderen weint schon ein Kind. Ich bin im Heim. Das ist der Beginn meiner Schulzeit.